Mischa Naue

Gefangen mit Buddha

Mischa Naue, geboren 1963 in Ost-Berlin, wollte sich bereits als Jugendlicher nicht den Zwängen der sozialistischen Gesellschaft fügen. Er geriet frühzeitig in Konflikte mit staatlichen Autoritäten: öffentliche Tadel und Drangsalierungen der Lehrer prägten seinen Schulalltag. Frühzeitig musste er die Schule verlassen und als 14-Jähriger eine Lehre als Gleisbauer beginnen. Durch Ausübung seiner buddhistischen Lebensanschauung geriet er ins Visier der Staatssicherheit.

Miserable Arbeitsbedingungen in der Lehre, Kulturzensur der Behörden sowie Schwierigkeiten bei der eigenen Wohnungssuche und der beruflichen Umorientierung veranlassten ihn, seine Flucht aus der DDR zu planen. Ein Versuch über Ungarn scheiterte im November 1983. Einen Monat später versuchte er, über die innerstädtische Grenze nach West-Berlin zu gelangen. Der Staatssicherheitsdienst verhaftete ihn.

Wegen „ungesetzlichen Grenzübertritts" zu einer Haftstrafe von zwei Jahren verurteilt, war er von April bis Dezember 1984 in der Strafvollzugseinrichtung Naumburg eingesperrt. Zuvor verbrachte er vier Monate in der Untersuchungshaft der Staatssicherheit in Berlin-Hohenschönhausen. Er gelangte im Rahmen des Häftlingsfreikaufs in die Bundesrepublik.

Seit Ende 1984 lebt Mischa Naue in West-Berlin. Er machte eine Ausbildung als Koch. In diesem Beruf arbeitete er über 30 Jahre. Er unternahm Reisen nach Korea, Thailand, Japan und Südamerika. Drei Jahre lebte er in einem japanischen Zen-Kloster und wurde dort Priester. In Thailand organisierte er ein Jugendprojekt für Kinder aus dem Slum. Er arbeitete als Fotograph und Webdesigner. 2011 bis 2014 war er mit „Barduni – Grilled Zenwich" auf Berliner Wochenmärkten im Streetfood-Bereich tätig.

Mischa Naue

GEFANGEN MIT BUDDHA

Meine Rebellion im Stasi-Staat

Erzählungen

Band 1

1.Auflage Dezember 2015
Veröffentlicht im Eigenverlag
Copyright © 2015 by Mischa Naue
Lektorat: Susan Baumgartl, Berlin
Druck: Spree Druck Berlin GmbH
ISBN 978-3-940228-00-0

FALKENSEE

Landglück

Mein letzter langer Sommer bei Hedwig schien zeitlos. Glücklich. Ich hatte den Eindruck, nichts habe Eile. Dieser Sommer könnte die Ewigkeit bedeuten. Bevor die Schulzeit beginnen sollte.

Bei Hedwigs Schafen, Kühen, Pferden. Bei ihrem Obst, dem Gemüse, das wir einweckten oder pressten. Vorräte für den Winter.

Der letzte lange Sommer bei Großmutter Hedwig Löper, geborene Barduni, war sorglos.

Morgens wurde ich liebevoll geweckt. Als Erstes versorgten wir die Tiere. Dann frühstückten wir. Später las ich auf dem Dachboden in alten Büchern. Entdeckte neue Worte. Unzählige Bücher lagerten hier. Auch Hedwigs Aussteuer: Jugendstilmöbel. Ich entdeckte Inflationsgeld. Lernte rechnen. Spielte ein bisschen Kaufmann.

Ich streifte mit den Hunden durch den Wald. Lag im Stroh. Blinzelte in die Sonne. Es war so friedlich. Wenn ich zum Mittag zurück ins Haus kam, aßen wir. Wenn ich nicht kam, aßen wir später. Oder erst am Abend.

Manchmal war ein Tier krank. Dann schlief ich im Stall. Den Kartoffelacker bearbeitete ich mit dem Dreizack. Eine ganze Woche lang. Bis ich alle Kartoffeln geerntet, im Keller verstaut hatte. Hedwig zeigte mir geduldig, worauf es ankam beim Ernten, Einwecken, Blumen-schneiden, Tiere pflegen.

Für einen Jungen mit fünf Jahren gab es genügend Auf-regungen: Eine Stute fohlte. Das Fohlen taumelte durch den Stall. Oder Hedwig schnappte sich ein Huhn. Drückte mir das Beil in die Hand. Wartete ruhig, bis ich zuschlug. Der Hühnerkörper raste ohne Kopf durch die Beete. Wir mussten ihn suchen. Ich wich nicht von Hedwigs Seite. Wollte miterleben, was mit dem Huhn geschieht. Federn rupfen. Federkielenden abbrennen. Ausnehmen. Am Abend gab es Hühnerfrikassee.

Außerhalb unserer Felder machte ich mal ein Lagerfeu-er. Wollte üben, ein Ureinwohner zu sein. Wollte ein eigenes Feuer entzünden. Als die Flammen anfingen zu züngeln, höher zu werden drohten, erstickte ich das Feuer schnell mit meiner Jacke. Irgendwie war ich stolz und träumte, von der Jagd leben zu können. Aber dann hörte ich die Stimmen der Jungen aus der Nachbar-schaft. Sie riefen zu mir rüber. Auf fremdem Feld hatte ich Feuer gelegt! Das blieb nicht unbemerkt. Die Stim-men wurden immer lauter. Hunde bellten. Da rannte ich los. In meinem Rücken spürte ich die Meute. Das Gebell war schon kurz hinter mir.

Mit letzter Kraft erklomm ich den Zaun unseres Hofes. Auf der anderen Seite fiel ich zu Boden. Die Hunde sprangen wild gegen den Zaun. Ich lag auf dem Rü-cken. Hechelte nach Luft. Die Schreie, das Gebell, der aufgewirbelte Staub vermischten sich zu einem einzigen Getöse. Mein Herz drohte, aus der Brust zu springen.

Meine Ohren rauschten. Ich nahm kein einziges Wort mehr wahr. Nur Getöse.

Als ich mich etwas beruhigt hatte, rannte ich hinters Haus. Steckte für ein paar Sekunden den Kopf in das eiskalte Wasser des Brunnens. Dann öffnete ich Hedwigs Hundezwinger. Die Dobermänner liefen ganz brav an meiner Seite. Als sie die fremden Hunde sahen, fletschten sie die Zähne. Ich tat so, als würde ich das Hoftor aufschließen. Die Hunde besannen sich zuerst. Ließen vom Zaun ab. Dann verzogen sich auch die Jungen.

Hedwig lachte, als ich ihr die Geschichte erzählte. Dennoch kamen auch von ihr mahnende Worte über Ernte, Verlust, Feuersbrunst.

Manchmal am Wochenende kamen meine Eltern zu Besuch. Schauten nach dem Rechten. Entspannten sich von der Arbeit in der Stadt. Dann wurde pünktlich zu Mittag gegessen. Zum Nachtisch Erdbeertorte. Bohnenkaffee aus dem Westen. Am Nachmittag Händeschütteln, ein paar Umarmungen. Die Ruhe war wiederhergestellt. Die Eltern abgereist.

Abends las ich Hedwig vor. Sie korrigierte mich. Sternstunden.

Hedwig

In meinen Augen war Hedwig ein Märchenwesen. Ihre sanfte Art ließ alles gedeihen, was sie auch anfasste. Stundenlang konnte ich in ihrer Küche hocken. Sie beobachten. Wie sie das Geerntete in der Küche zu Essen verarbeitete. Hasenbraten machte oder verschiedenste Kuchen. Der Keller war ein Mekka an Vorräten, Konserven, fermentiertem Gemüse.

Wenn der Tag sich dem Ende neigte, schauten wir gern der untergehenden Sonne zu. Erinnerten uns der getanen Arbeit. Freuten uns auf den nächsten Tag. Darauf, was wir alles noch machen wollten.

Eigentlich wusste ich nur, dass Hedwigs Mutter Italienerin war. Irgendwie war ihre Mutter nach Posen gekommen. Später suchte ich mal den Ort: Paradise. Nicht auffindbar. Dort war Hedwig 1905, am 9. September, geboren.

Hungersnot trieb die Familie nach Berlin. Hedwig arbeitete am Ku'damm bei Leiser-Schuhe. Viele Jahre.

1927 kauften Hedwigs ältere Brüder das Anwesen bei Berlin. Falkensee.

Sie bauten ein Haus. Bewirtschafteten das Land. Hielten Nutztiere. Am Tage schufteten sie in Spandau in der Fabrik. Zum Feierabend in Falkensee. Aber der Friede dauerte nicht lange. Adolf Hitler kam an die Macht. Der Krieg begann. Die Brüder mussten an die Front. Einer kam nicht zurück. Der andere verlor ein Bein. Der dritte siedelte mit dem Bruder ohne Bein nach Spandau über.

Hedwig blieb allein in Falkensee. Die Kriegszeit über hatte sie bescheiden gewirtschaftet. Lebte von Ersparnissen. Kleine Reserven ließen sie nach Kriegsende von Neuem beginnen. Säen. Ernten. Die schweren Arbeiten machte Herr Kruse. Der wohnte ein paar Dörfer weiter. Er hatte nicht in den Krieg gemusst. Gut bezahlt für seine Hilfe, verließ er jedes Mal mit zahlreichen Waren den Hof.

Eier, Kartoffeln, Hasen, vieles andere tauschte Hedwig gegen Güter, die sie selbst nicht herstellen konnte. Bis die Kommunisten kamen. Sie nahmen ihr zum Wohle des Volkes Nutztiere weg. Beschlagnahmten Land. Nahmen Herrn Kruse mit sich. Der sollte den Nazis geholfen haben. Womöglich kam er in den Knast.

Weil sie das Haus zu groß für Hedwig allein fanden, musste sie fremde Menschen aufnehmen. Ihr eigenes Heim wurde als Wohnraum zugeteilt. Still ertrug sie auch das.

Irgendwann sagte sie mal: »Der furchtbare Iwan. Können 30 Millionen Kriegstote rechtfertigen, mit welcher Brutalität die Russen hier hausten?«

Ich verstand nicht sofort was sie meinte. Später erahnte ich aus ihren Erzählungen über Schicksale von Frauen und Männern zu Kriegsende, dass ihr Schreckliches wiederfahren sein musste. Möglicherweise war sie selbst vergewaltigt worden.

Mein Großvater war im Krieg gefallen. Über Männer sprach Hedwig nie.

Erinnerungen

Hedwig erinnerte sich: Im Mai 1942 wollte Adolf Hitler sich feiern lassen am Ku'damm. Schon am Morgen hatte es leicht geschneit. Die Straßen waren gesäumt von Menschen. Hedwig arbeitete wie jeden Tag im Schuhgeschäft. Sie wurde liebevoll von den Kollegen Heddi genannt. Oft hieß es: »Gehen Sie mal in die rote Ecke von Heddi. Lassen Sie sich da beraten.« Oder: »Die rote Heddi gibt Ihnen gern Auskunft.« Hedwig war nicht mit auf die Straße gegangen.

Innerlich verabscheute sie Massenaufläufe. Dass einige Kollegen dachten, sie wäre Kommunistin, ließ sie ohne Widerrede geschehen.

Schon näherten sich die ersten Wagen der Kolonne. Dachte man. Ein Schneesturm setzte ein. Innerhalb kürzester Zeit waren die Straßen weiß. Man konnte die Hand nicht vor den Augen sehen. Aufgeregt rannten die Menschen durcheinander. Im Tumult konnte man auf keine Autos mehr achten.

Später konnte niemand mehr sagen, ob Hitler tatsächlich durch die Straße gefahren war, erzählte Hedwig. Verschmitzt lächelte sie dabei. »Gott sei Dank hatte mein Fehlen kein Nachspiel.« Die rote Heddi.

Nach dreißig Jahren bei Schuh-Leiser war es ihr dann auch genug. Sie gab die kleine Stadtwohnung auf, zog ganz nach Falkensee.

Aushilfsweise arbeitete sie dann in einem Zeitungskiosk auf dem Bahnhof. Hatte endlich mehr Zeit für ihre Pflanzen, für die Tiere.

Fürsorge

Eines Tages lag Hedwig leblos mit starr geöffneten Augen auf dem Bett. Nein, noch nicht!, dachte ich. Rannte über ein paar Felder. Bat die Nachbarin Frau Kranich, den Arzt zu rufen. Dann rannte ich wieder zurück. Holte kalte Umschläge. So macht man das, dachte ich.

Der Arzt kam. Ich musste das Zimmer verlassen. Ich suchte mir einen Platz im Stall. Streichelte die neugeborenen Hunde. Dachte nur an Hedwig. Als ich zum Haus zurückkam, war sie schon ins Krankenhaus gebracht worden. Der Arzt erklärte mir, wie sich Gallensteine lösen, eine Kolik sich entwickelt.

»Ja, sie lebt«, sagte er schließlich. Da fiel ich in die Hocke, dankte dem Schicksal. Nun war ich allein hier in Falkensee. Das erste Mal. Am Morgen gab ich allen Tieren eine doppelte Ration Futter.

Das Krankenhaus hatte zu viele Zimmer. Irgendwann stand ich dann an Hedwigs Bett. Sie lächelte. Versprach, bald wiederzukommen.

Aber dann kam die erste große Komplikation mit meiner Gesundheit. Ich bekam dicke Backen. Aus Mumps wurde Meningitis. Im Krankenhaus Buch lag ich auf der Infektionsstation.

Nach wochenlangem Stillliegen hielt ich es nicht mehr aus. Bekleidet mit meinem Nachthemd, das oben nur von einem Knopf zusammengehalten wurde, kletterte ich aus dem Fenster. Hielt mich an den Rankenpflanzen fest. Kletterte abwärts. Dann spürte ich, dass mich die Kraft verließ. Ich klammerte mich fester an die Ranken. Eine Krankenschwester entdeckte mich. Fuchtelte wild mit den Armen. Rief rasch eine Schar von Ärzten, Schwestern, Helfern zusammen. Erkennen konnte ich nur die Schwester, die mir immer meine Lieblingsstullen gemacht hatte: Brot mit Butter, Scheiben grüner Gurke. Leicht gesalzen.

Irgendwie steckte ich fest. Zurückklettern konnte ich auch nicht. Ich hörte den Zuspruch von unten. Aber ich konnte nichts tun. Sprechen wollte ich auch nicht. War der Worte entwöhnt.

Wie ich die Straße lang schaue, sehe ich Hedwig. Seelenruhig wanderte sie mit zwei kleinen Koffern auf das Krankenhaus zu. Ich wollte ihr zuwinken. Befürchtete aber, dann runterzufallen. Rufen wollte ich nicht.

Etwas verwundert schaute sie die Menschenanhäufung an. Eine Schwester zeigte wortlos nach dem Jungen, oben in den Ranken. Als Hedwig mich erkannte, stieß sie einen Schrei aus. Ließ die Koffer fallen.

»Junge, was machst du denn da!«, rief Hedwig. „Ich will dich doch heute abholen!«

Die Tränen rollten mir aus den Augen.

Nachher holte mich die Feuerwehr aus den Ranken. Letzte Untersuchungen. Endlich war ich fertig. Konnte Buch verlassen. Mit Hedwig. Was war ich froh!

Am Abend durfte ich zum ersten Mal fernsehen.

Der verkehrte Zug

Am Nachmittag hatte mich mein Vater zum Zug gebracht.

Mit der S-Bahn bis Birkenwerder fahren. Dann umsteigen nach Falkensee. Einfach aussteigen in Birkenwerder. Auf dem Bahnsteig bleiben. Warten. Auf den D-Zug mit der Lokomotive. In diesen Zug wieder einsteigen. Bis Falkensee fahren. Dort aussteigen.

Ich hatte mir alles gemerkt. Versprach, nichts zu vergessen. In Falkensee würde dann Oma Hedwig auf dem Bahnhof stehen. Mich abholen.

Eigentlich waren wir diese Strecke schon viele Male gefahren. Mit den Eltern oder mit der Großmutter. Mein Vater klebte mir noch mit seinem Schnurrbart einen nassen Kuss auf die Wange. Winkte. Dann begann die Reise.

Der Fensterplatz war aufregend. Die erste halbe Stunde schaute ich nur nach den vorbeifliegenden Häusern. Achtete kaum auf die Bahnhofsnamen. War vergnügt, sogar ein bisschen übermütig.

Dann zählte ich die Regentropfen, die leise an die Scheibe klopften. Schaute mir die anderen Reisenden an. Lauschte ihren Unterhaltungen. Plapperte ein bisschen mit. Wurde immer fröhlicher beim Gedanken an mein herrliches Ziel. Eine ältere Dame mahnte mich fürsorglich, nicht überzuschnappen, darauf zu achten, wann ich umsteigen musste.

Endlich kam der Bahnhof Birkenwerder. Gleich mehrere meiner Mitreisenden achteten darauf, dass ich ausstieg.

Ich lief den Bahnsteig ab, beobachtete die Menschen. Der Bahnhofsvorsteher gefiel mir gut mit seiner Uniform. Den schaute ich am liebsten an. Schnaufend, eingehüllt in dicke Schwaden, schob sich die Dampflok in den Bahnhof. Der verrußte Lokführer lächelte mir zu wie ich da staunend, offenen Mundes, an der Bahnsteigkante stand.

Der Räder kamen quietschend zum Stehen. Ich suchte eine geöffnete Abteiltür. Kletterte hinein. Suchte mir einen Platz. Wiegte mich in dem Gefühl, alles richtig gemacht zu haben. Mit einem langen Pfeifen, weißen Dampfwolken verließ der Zug den Bahnhof Birkenwerder.

Vier Mal hatte der Zug gehalten. Danach sollte Falkensee kommen. Ich träumte vor mich hin. Als ich mich das nächste Mal nach den anderen Reisenden umschaute, bemerkte ich, dass ich allein im Waggon war.

Ich sprang auf. Rannte in einen anderen Waggon. Aber auch dort war niemand mehr.

Der Lokführer! Der könnte mir doch sagen, warum ich jetzt allein hier war. Ich rannte in Fahrtrichtung durch die Wagen. Konnte kaum fassen, dass es keine Lok mehr gab.

Durch ein Fenster schaute ich auf die Gleise. Verstand nicht, dass der Zug sich bewegte. Ohne Lok. Abrupt stoppte die Fahrt. Sogleich wollte ich die Waggontür öffnen. Aber immer, wenn ich sie einen Spalt weit aufgemacht hatte, schlug sie wieder zu.

Ich setzte mich auf meinen alten Platz. Wartete. Eine Ewigkeit verging. Der Zug blieb stehen. Immerzu dachte ich an meine Oma Hedwig, die auf dem Bahnsteig wartete. Oder an meinen Vater, der sicher dachte, dass ich längst angekommen war.

Langsam erwog ich, aus dem Fenster zu springen. Aber das schien mir zu tief.

Draußen wurde es langsam dunkel.

Plötzlich sah ich einen Eisenbahner, der nah am Zug vorbeiging. Zaghaft klopfte ich gegen die Scheibe. Der Mann schüttelte ungläubig den Kopf. Dann öffnete er die Wagentür, hievte mich runter, neben das Gleis.

»Junge, was machste denn hier?«

Ich konnte gar nicht sprechen. Tränen rannen aus meinen Augen.

»Musst doch nicht weinen. Kommst doch bald zur Armee«, sagte der Eisenbahner.

Als ich wieder reden konnte sagte ich ihm: »Ick ween doch wejen meener Oma, die weeß doch nich wo ick bin.«

Als ich alles erklärt hatte, nahm mich der Eisenbahner an die Hand. An einem Telefonkasten hielten wir. Dreimal klingeln. Warten. Nochmal klingeln.

»Ich hab hier einen kleinen Jungen, der aufs Abstellgleis mitgefahren ist. Er sitzt schon seit Stunden im Abteil.

Die Oma arbeitet auf dem Bahnhof. Kennt ihr Frau Löper?«

Schweigen.

»Ja, ... Ja, also sie bleibt da. Gut, ich bring den Jungen vorbei.«

Wir überquerten ein paar Gleise, stiegen in ein Auto, fuhren durch die Nacht.

Auf dem Bahnhof Falkensee angekommen, rannte mir Hedwig entgegen. Umarmte mich. Gab mir eine Ohrfeige. Dann gab sie mir viele Küsse.

Scheunenfenster

Fünfmal pro Woche arbeitete Hedwig im Zeitungskiosk auf dem Bahnsteig von Falkensee. Am Morgen, wenn wir die Tiere versorgt hatten, blieb ich allein zu Haus. Dann war ich der Herr über alles.

Natürlich gab es auch Pflichten: Die Tiere versorgen. Wäsche abnehmen. Mit einer Leiter. Weil ich nicht an die Leine ran reichte. Immer wieder Laub fegen. Blumen gießen.

Ein bisschen übermütig wurde ich auch. Vom höchsten Fenster der Scheune sprang ich in große Heuballen, die auf einem Karren lagerten. Im meinem Fußgelenk knirschte es. Vom Heuwagen fiel ich auf die Erde. Der Fuß brannte höllisch. Wurde immer dicker. Ausgerechnet heute hatte ich versprochen, die Großmutter von der Arbeit abzuholen! Was also sollte ich machen? Ein

18

Telefon gab es weder in Hedwigs Haus noch auf dem Bahnhof.

Ein dicker Ast sollte mich stützen. So humpelte ich los. Immer wieder musste ich Pausen machen. Um zwei war Hedwigs Arbeit zu Ende. Die Zeit verging schneller als gedacht. Eine Nachbarin kam mir entgegen. Fragte, ob alles in Ordnung sei. Ich verzog keine Miene. Bis sie vorüber war. Dann musste ich mich wieder setzen.

Den nächsten Passanten fragte ich nach der Uhrzeit. Beinahe hätte ich geschrien! Wegen der pochenden Schmerzen. Weil ich zu spät kommen würde.

Gegen sechs humpelte ich schließlich, schweißüberströmt, aufs Bahnhofsgelände. Jetzt nur noch die Treppen runter, noch einmal hoch. Aber ich konnte nicht mehr. Der Fuß war ein fetter Klumpen. Den Schuh hatte ich schon längst ausgezogen. Da kam ein Schaffner. Erkannte mich.

»Wat machste denn hier?«

Ich wollte gar nicht antworten. Zeigte nur auf meinen Fuß.

Hedwig kam angelaufen. Die ganze Zeit hatte sie gewartet. Im Bahnhofswärterhäuschen in unmittelbarer Nähe. Alle fünf Minuten war sie aufgestanden. In Sorge. Hatte die Straße entlang gespäht. Geschaut, ob ich komme.

Die Aufregung war groß. Hedwig weinte. Dann kam ein Krankenwagen. Der Fuß war geprellt. Nicht gebrochen. Mit Krücken durfte ich nach Hause. Wurde im Krankenwagen gefahren.

19

In den nächsten Tagen hüpfte ich wie ein Storch durch den Garten. Beim nächsten Elternbesuch konnten wir dennoch alles vertuschen. Sozusagen.

Die Nachbarstochter

In diesem Sommer vor dem Schulbeginn lernte ich die Tochter unseres Nachbarn kennen.

Sie war groß. Dünn. Mit pechschwarzem Haar. Braunen Augen. Achte Klasse. »Ich habe vorher bei meiner richtigen Mutter in Thüringen gelebt«, erzählte sie mir. »Aber jetzt bleibe ich hier.«

Hedwig hatte mir erlaubt, dass Angelika mir Gesellschaft leistete, wenn sie in die Stadt musste. Wenn nicht Schule war. Oder Lernen anstand. Immerzu spielten wir Verstecken. Aber das langweilte mich. Irgendwann sah Angelika, wie ich das Alphabet aufschrieb. »Wie, du kannst schon schreiben?« »Lesen ooch«, sagte ich. Ich wollte noch mehr lernen. Schreiben. Wollte noch mehr Bücher lesen. »Das trifft sich ja gut«, meinte Angelika. »Ich möchte Lehrerin werden.«

So ergab sich eine wunderbare Art der Abhängigkeit. Angelika wurde meine zweite Lehrerin. Die erste war ja schon Hedwig. Wir lasen Lexika. Betraten die Antike. Machten Homer, Aristoteles zu unseren Helden. Wenn ich es im Nachhinein betrachte, wurde ich in diesen Tagen Schriftsteller oder Seher. Ein stilles Glück.

Ein bisschen widerwillig wurde ich dann auch Schauspieler. Wir spielten klassische Stücke der Antike. Angelika dabei küssen, mit Blumen beglücken, Händchenhalten war zu dieser Zeit so gar nicht mein Ding. Ich tat es dennoch.

Die Veränderungen spürte Hedwig als Erste. Wenn ich mit ihr im Feld arbeitete oder Gemüse erntete, war ich öfter ein bisschen abwesend. Für Momente.

Gern hätt ich Hedwig mal gefragt, wie das geht mit dem Zusammensein zwischen Männern, Frauen.

BAUMSCHULENWEG

Deutschunterricht

Die vorläufig letzte Reise vom Land in die Stadt war traurig.

Meine Eltern hatten in Baumschulenweg eine Mietwohnung bezogen. Ein Wohnblock wie viele andere in Berlin. Mein Zimmer kam mir viel zu klein vor. Der Garten, die Wiesen fehlten mir. Die Tiere auch.

Der erste Tag meiner Schulzeit begann mit Hektik. Wo war nur diese Schultüte? Wo war der Ranzen? Wo waren die Schuhe?

Neben vielen anderen Kindern trottete ich durch die Schulräume. Alle schienen sich zu freuen.

Da stand ich nun: Geschniegelt. Mit einer riesigen Schultüte. In der Aula. Ansprachen, um Ansprachen drangen an mein Ohr. Ich hörte nicht zu. Die verdammte Tüte wurde immer schwerer. Was hatte meine Mutter da nur reingetan?

In Gedanken war ich auf dem Lande. Bei Hedwig.

Aber jetzt kam ich in die 1a. Zu Frau Ehm. Meiner Klassenlehrerin. Eine Stunde Mathe. Eine Stunde Heimatkunde. Dann konnten wir vorerst nach Hause gehen. »Bis morgen!« Aber ich ahnte schon meinen ersten Ärger.

Es waren die vorgedruckten Schreiblinien im Schulheft. Am nächsten Tag sollten wir genau in diesen Linien erste Schreibübungen versuchen.

Meine Buchstaben sausten aber über die vorgegebene Linie, unter die Linie.

»Was soll das sein?«, fragte der Deutschlehrer. »Deutsch«, sagte ich. »Altdeutsch.« Dann schrieb ich weiter in mein Heft.

»Bitte lassen Sie mich Bücher lesen!«, sagte ich, um seinem strengen Blick zu entkommen Aber der Lehrer musterte mich weiter. »Großmutter Hedwig hat mir dit Schreiben, Lesen schon beijebracht«, fügte ich erklärend hinzu. Irgendwie war ich stolz darauf.

Langsam schien der Deutschlehrer zu verstehen. Aber er wollte trotzdem die Buchstaben in die Linien gezwängt haben.

»Geh mal an die Tafel. Schreib auf, was ich dir vorlese«, forderte er mich auf. Aber ich wollte nicht, schon gar nicht vor allen anderen Kindern. Da schob mich der Lehrer vor sich her, bis vorn an die Tafel. »Nimm die Kreide da.« Er duldete keinen Widerspruch.

Dann schrieb ich an, was er mir vorlas. Wort für Wort. Schnörkel um Schnörkel. So füllte sich die Tafel. Dann musste ich den oberen Teil abwischen. Weiter schreiben. Mir kam es nicht in den Sinn, dass der Deutschlehrer wütend sein könnte. An seinem Kopf traten die Adern hervor. Schweißperlen standen ihm auf der Stirn.

In meinem Inneren beschloss ich in jenem Moment, dass dieser fette Mensch, der mich jetzt zwang, an die Tafel zu schreiben, mir sowieso nichts zu sagen hatte. Wie konnte einer, der sich so gehen ließ, einen so fetten Bauch hatte, mich zu etwas zwingen?

Das Klingelzeichen wird mich retten, dachte ich. Die anderen Schüler rannten lärmend zur Hofpause. Als auch ich gehen wollte, sagte der Deutschlehrer: »Du schreibst hier weiter.«

Am nächsten Tag musste ich die Klasse wechseln. In eine LRS-Klasse. Was immer das heißen sollte.

Lese-rechtschreibschwache Schüler gingen in diese Klasse, erfuhr ich dann. Zurückgebliebene Kinder. Meine Güte, wer entschied sowas? Heimlich las ich unter der Bank. Der Lehrer duldete das.

Meine Mutter aber fand weder meine Versetzung ange-bracht, noch das Bücherlesen. Wie immer aufgebrezelt für ihre Kunden im Friseursalon, stöckelte sie lautstark am folgenden Morgen vor der Arbeit ins Direktorzim-mer. Ich hörte ihre aufgeregte Stimme. Die kannte ich ja schon. Dachte nur, das fängt ja gut an.

Die Direktorin ließ mich wieder in die alte Klasse zu-rückkehren.

Dem Deutschlehrer war ich von nun an ein Dorn im Auge. Dem Mathematiklehrer gefiel es auch nicht, dass ich schon rechnen konnte. Andere Lehrer schienen angesteckt zu sein. Es war wie verhext. Einige ließen mich nachsitzen. Tadelten mich vor der Klasse, so oft es ging.

Die ersten Ferien bei Hedwig – was für ein Genuss! Aber schon bei der Hinfahrt wusste ich, dass die Tage gezählt waren. Bloß nicht daran denken.

Hedwig ließ mich alles machen, was mir gut tat. Stundenlang durfte ich im Heu liegen. Durch die Ritzen der Scheunenwand blinzeln. Einfach am Tage schlafen.

Angelika war auch da. Oft saßen wir über neuen Büchern. Sie las mir vor oder ich musste vorlesen. Auswendig lernen.

Eines Abends sagte ich Hedwig, ich wolle nicht zurück in die Stadt.

Ordnungsdienst

Frau Pommerenke war noch die Netteste. Zeichenlehrerin. Leider konnte sie sich nie durchsetzen. Sobald sie sich der Schultafel zuwendete, flogen Milchtüten durch den Raum. Zerplatzten an den Wänden. Senfkörner wurden mit Hilfe dünner Glasröhrchen durch den Raum gespuckt. In einem dieser Szenarien rannte Frau Pommerenke eines Tages aus dem Raum. Schloss die Tür hinter sich ab. Ein tobendes Durcheinander entstand. Füllhalter wurden leer gespritzt. Zeichenkästen flogen quer durch den Raum. Ein paar Jungs schlugen sich. Schmissen Bänke, Stühle um. Rissen Seiten aus den Schulbüchern.

Schweigend betrachtete ich dieses Spektakel. Ich hatte mich mit meinem Stuhl an eine Wand geschoben. Saß da. Passte auf, dass mich kein Gegenstand traf. Aus dem Augenwinkel sah ich, dass ich nicht der einzige war, der sich nicht an dem Chaos beteiligte. Dann ertönte die Schulklingel. Schreiend räumten die Schüler die Reste ihrer Sachen zusammen. Das Wenige, was sie nach der Schlacht noch finden konnten.

Als der erste Schüler bemerkte, dass die Tür verriegelt war, trat er gegen das Türschloss. Immer wieder. Dann hörte man Stimmen vom Flur. Die Tür wurde geöffnet. Schweigen herrschte. Frau Pommerenke öffnete das Klassenbuch. Verlas den Namen desjenigen, der heute Ordnungsdienst hatte. Dann zeigte sie auf mich. Trat beiseite. Die Kinder strömten an ihr vorbei. Mit einer ausholenden Handbewegung drehte sich Frau Pommerenke kurz zum Raum. Wischte durch die Luft. »In einer halben Stunde hole ich dich, dann blitzt es hier nur so«, sagte sie. Dann machte sie auf den Hacken kehrt. Schritt durch die Tür. Verschloss das Klassenzimmer wieder.

Staunend hatte ich die Lehrerin angesehen. Empörung machte sich nun in mir breit. Ich wusste genau, hier würde ich nichts putzen. Sofort ging ich zum Fenster, prüfte die Höhe. Bis zur Erde war es nicht mehr, als aus dem Scheunenfenster in einen Heuwagen zu springen, dachte ich. Noch einmal blickte ich in den Klassenraum. Dann sprang ich. Die Landung war hart. Nicht perfekt. Aber gebrochen schien auch nichts.

An diesem Nachmittag musste ich immer wieder grinsen, wenn ich an Frau Pommerenke dachte. Die mich nicht vorfand bei ihrer Rückkehr in den Klassenraum. Möglicherweise putzte sie jetzt selber. Mit ihr zusammen hätte ich es auch getan. Aber alleine? Nein danke.

Am nächsten Tag sollte mir das Lachen dann vergehen. Sofort als ich die Schule betrat, schleppte mich eine

Aufsichtsperson ins Sekretariat. Die Direktorin musterte mich. »Du bist also wirklich aus dem Fenster gesprungen?« Mit großen Augen schaute ich sie an. Oder besser: Ich schaute durch sie hindurch. Bis zur Scheune, bis zum Heuwagen.

»Willst du mich provozieren?«, fragte sie. Natürlich wollte ich das nicht, wusste gar nicht wie. »Für diese Angelegenheit werden wir dir einen öffentlichen Tadel verpassen!« Noch immer schaute ich sie verträumt an. Dann traf mich eine Ohrfeige. Mitten ins Gesicht. Die Direktorin zerrte mich auf einen Stuhl, schrie: »Hier bleibst du sitzen!«

Wie öfter in meiner Schulzeit musste mich meine Mutter von der Schule abholen. Eigentlich war ich ja ein Schlüsselkind. Durfte selbstständig nach der Schule nach Hause gehen.

Die Unterbrechungen in ihrem Arbeitsalltag, wenn ich wieder was angestellt hatte, ließen meine Mutter oft wütend werden. An diesem Nachmittag schlug sie mich auch vor der Direktorin. Meine Mutter konnte nicht verstehen, warum ich nicht einfach saubergemacht hatte. Stubenarrest gab es gratis dazu.

Aber den hockte ich nicht zu Hause ab. Nach der Schule musste ich im Friseurladen meiner Eltern aushelfen. Haare toupieren. Lockenwickler eindrehen, ausdrehen. Haare waschen. Flaschen wegbringen.

Mich widerten diese Arbeiten an. Zumindest am Anfang. Dann gewöhnte ich mich daran.

Vaters Regeln

Der Musikunterricht war es schließlich, der den Umgang mit solchen Angelegenheiten in unserer Familie veränderte.

Meistens fiel der Musikunterricht aus. Keine Lehrkräfte. Oder der Lehrer war krank. Irgendwann hatten wir einen neuen Lehrer. In der riesigen Aula ließ er uns vorsingen. Als er meinen Namen aufgerufen hatte, stammelte ich: »Ick kann jar nich singen. Will ick ooch nich. Bitte tragen Sie mir eene Fünf ein.«

Aber scheinbar hatte mich der Lehrer nicht gehört. Er widmete mir nun alle Aufmerksamkeit. »Was hast du gesagt?«

Ich wiederholte meine Bitte. Erst begann der Lehrer ganz pädagogisch, mich auf die Bühne zu bitten. Dann wurde sein Ton fordernder. Als er merkte, dass ich nicht nach vorn gehen würde, bekam seine Stimme einen aggressiven Klang.

Mit rotem Kopf schaute ich aus dem Fenster. Schüttelte immer wieder verlegen den Kopf. »Setzen!«, schrie er. Eine Weile schaffte ich es, mich im Musikbuch zu vertiefen. Oder zumindest starr hinein zu blicken. Aber zu groß war die Sehnsucht nach Hedwig. So schaute ich wieder aus dem Fenster. Bis nach Falkensee.

Plötzlich spürte ich einen heftigen Schmerz im Gesicht. Etwas riss mich vom Hocker. Ich schnappte nach Luft. Blut überall. Ich sackte weg. Der Musiklehrer hatte von seinem Podium aus einen großen Schlüsselbund in mein Gesicht geworfen.

Als die Schulglocke läutete, erwachte ich. Das Blut roch seltsam in meiner Nase. Die anderen Schüler rannten zur Hofpause. Der Musiklehrer würdigte mich keines Blickes als er den Schlüsselbund aufhob. Langsam schob ich meine Sachen in die Mappe. Ging zur Toilette. Wusch das Blut ab. Dann machte ich mich auf den Heimweg. Mit langsamen Bewegungen.

Als ich in die Wohnung kam, abendessen sollte, grüßte ich nur flüchtig in die Stube. Wollte mich sofort verkrümeln. Mein Vater war es, der meine Wunden sah.

Ich musste erzählen. Ausführlich.

So kamen einige Dinge heraus, die ich mich vorher nicht getraut hatte, anzusprechen. Später hörte ich das heftige Diskutieren meiner Eltern aus der Wohnstube.

Ein paar Tage später, beim Musikunterricht, klopfte es an die Tür. Mein Vater stellte sich kurz vor, bat den Lehrer um eine Unterredung. Der Musiklehrer bewaffnete sich mit seinem Schlüsselbund. Verließ den Raum. Bis zum Stundenende ward der Lehrer nicht mehr gesehen. Auch in den nächsten Tagen nicht.

Mein Vater verlor zu Hause kein Wort über sein Treffen mit dem Musiklehrer. Aber ab diesem Tag konnte ich mit meinen Sorgen zu ihm gehen. Wenn er denn zu Hause war. Dann regelte er vieles. Auch mit meiner Mutter.

Leibesübungen

Höher! Schneller! Weiter! Jugendspartakiade.

Seit Tagen waren die Jugendlichen der Schulen im Ausnahmezustand. Frisuren wurden getrimmt. Lieder wurden einstudiert. Auf den Schulfluren wurde Weitsprung geübt. Die Besten der Besten sollten ermittelt werden.

Schon der Gedanke verursachte mir Übelkeit. Die schreckliche Situation, sich messen zu müssen, zu brillieren vor anderen, Anerkennung zu erhoffen, stürzte mich in eine Sinnkrise. Hinzu kamen die Massenversammlungen. Appelle. Ansprachen. Die erzwungene, stumpf gedrillte, mit politischen Parolen gefütterte Masse, die sich brüllend, marschierend, schwitzend entlud, machte mich krank. Der Kampf für das sozialistische Vaterland, der Sieg über den Imperialismus, die tiefe Freundschaft mit dem Volk der großen Sowjetunion widerten mich an.

In diesen Tagen hatte ich echtes Fieber. Kein Mensch konnte mich bewegen, dorthin zu gehen. Meistens schrieben mir meine Eltern eine Entschuldigung. Das hieß dann drei Tage Landurlaub bei Hedwig.

Schon damals wusste ich, dass ich anders tickte als die anderen. Die anderen wussten das aber auch. Was sollte man nur mit meiner Unsportlichkeit, meiner Verweigerung anstellen?

Da entdeckten sie, dass ich beim Schwimmen Talent hatte. Ja, ich schwamm gern. Im See. Schnell wie ein Fisch. Aber von Talent wollte ich nichts wissen.

Der See wurde dann eine Schwimmhalle. Meine freie Zeit bestimmte ein Trainer. Auf. Ab. Ich schwamm unermüdlich die Bahnen. Leer, ohne Gedanken war mein Kopf, wenn ich eintauchte ins Wasser. Aber alles andere, was mit dem Schwimmen verbunden war, wurde zur Pein: Die Umkleideräume, das Geschrei unter der Dusche, die Leistungsziele des Trainers. So langsam begriff ich, dass man mich vorbereiten wollte. Worauf nur?

Ich wurde delegiert. Die andere Schwimmhalle war dreimal so groß. Achthundert Meter Brustschwimmen. Achthundert Meter Delphinschwimmen. Achthundert Meter Rückenschwimmen. Ein paar Wochen ließ ich mir das alles gefallen. Das Anfeuern meines Trainers »Schneller! Schneller!«, konnte ich manchmal sogar ignorieren.

Eines Abends kam ich, zumindest für meine Mutter, vom Schwimmtraining nach Hause. Ein wunderbarer Tag lag hinter mir.

Drei Klassenkameraden hatten beschlossen, die Schule nach der ersten Hofpause zu schwänzen. Angesprochen, mit ihnen zu kommen, war meine Zusage das, was mein Herz glücklich machte. Keine Schule. Auch Schwimmen fiel aus.

Nach einem Bäckereifrühstück machten wir uns auf in den Plänterwald. Der Onkel eines Mitschülers arbeitete im Kulturpark beim Autoscooter. Wir erhielten für unsere Autos Schlüssel. Mussten kein Geld nachwerfen. Konnten stundenlang Bahnen kreisen. Auf der anderen Seite des Parks fuhren wir, bei einem anderen Onkel, unendlich viele Runden Achterbahn. Eine Tante hatte einen Pufferstand. Wir durften essen so viel wir wollten.

Dann machten wir uns auf zu den Eltern eines anderen Klassenkameraden. Die hatten einen Fischladen. Wir wurden beköstigt mit Fisch, Salzdillgurken, Kartoffeln. Wir spielten mit den Fischen, die in riesigen Bassins schwammen, für die Kunden geholt wurden. Neben dem Fischladen war eine Hausruine. Dort verbrachten wir die Stunden bis zum Abend.

Langsam tickte meine innere Uhr. Es wurde Zeit, nach Hause zu gehen. Eine Stunde zu spät war ich schon.

Meine Mutter reagierte gereizt. »Wie war das Schwimmen heute?«, fragte sie. Ich murmelte maulfaul: »Wie immer.« Währenddessen packte sie meine Schwimmtasche aus.

Plötzlich kam sie aufgeregt angelaufen. »Du warst doch gar nicht schwimmen!«, warf sie mir vor. Was sollte ich nur machen? Dass ich einen schönen Tag hatte ohne Schule, ohne Trainer, ohne Brustschwimmen, konnte ich ihr nicht erzählen. Sollte ich ihr sagen, dass Schwimmen eine große Tortur ist? So behauptete ich weiterhin, Schwimmen gewesen zu sein.

Meine Mutter zerrte mich auf einen Stuhl im Wohnzimmer. Einzeln schmiss sie mir den Inhalt der Tasche an den Kopf.

»Die Badehose ist nicht nass. Ist noch so zusammengelegt wie ich sie dir eingepackt hatte… Das Handtuch ist trocken… Die Badekappe auch.«

32

Zwischendurch ging sie immer wieder in die Küche.

Dann schrie sie außer sich: »Nun sag schon, dass du nicht schwimmen warst!« Wieder verneinte ich.

Sie nahm einen Kleiderbügel vom Ständer. Schlug wie verrückt geworden auf mich ein. Dann rannte sie in die Küche. Kurz danach brüllte sie wieder. Schlug wieder auf mich ein. Langsam schwollen auch meine Augen zu.

Im nächsten Augenblick hatte meine Mutter den Telefonhörer in der Hand. Sie tat so, als spreche sie mit meinem Trainer, der ihr bestätigte, dass ich nicht beim Schwimmen war. Mir muss dabei wohl ein Lächeln übers Gesicht geflogen sein. Meine Mutter knallte den Hörer auf. Ergriff wieder den Bügel. Schlug zu.

Erschöpft sah sie aus. Rannte auf den Balkon, um zu sehen wo mein Vater blieb. Aber der kam mal wieder nicht. Am liebsten hätte sie den wohl auch gleich vermöbelt. Weil er ja nie da war, wenn so ungeheuerliche Dinge vor sich gingen. Eigentlich war ja schon lange Schlafenszeit. Aber heute nicht, weil ihr Sohn gelogen hatte. Die Schlagattacken wurden seltener, kraftloser.

Endlich kam mein Vater. Er brauchte eine Weile bis der Schlüssel im Schlüsselloch war. Meine Mutter hatte sich im Flur postiert. Sie bereitete meinem Vater einen fürchterlichen Empfang. Ihr Wortschwall drang bis zu mir.

»Warste wieder mit deinen Brüdern saufen? Haste die Abrechnung gemacht? So geht das nicht weiter. Der Junge lügt nur noch... Was kommt als Nächstes?«

Schweigend ertrug mein Vater ihre Worte. Dabei schob er meine Mutter langsam vor sich her. Bis in die Küche, um sich ein Bier zu holen. Als er mich da im Wohnzimmer sitzen, meine Wunden sah, wurde er mürrisch. An meiner Mutter vorbei brachte er mich ins Bett. Eine Weile genoss er wohl die Ruhe. Dann ging er wieder rüber.

Bis ich einschlief, konnte ich ihre lauten Stimmen hören.

Geburtstag

Am Vormittag war ich ins Friseurgeschäft meines Vaters gefahren. Er wollte mir die Haare schneiden.

Da er nicht gleich Zeit für mich hatte, räumte ich die Küche auf. Fegte die Haare vom Boden.

Dann schaute ich ihm bei der Arbeit zu. Stundenlang hätte ich das tun können. Seine Hingabe faszinierte mich. Auch seine Geduld.

Endlich war ich dran. Bekam den berühmten Igel-Schnitt. War auch froh, dass meine Mutter den heute nicht machte, denn der sah anders aus.

Mein Vater hatte noch zu tun. Wir wollten zusammen nach Hause fahren. Also stellte ich mich auf die Straße vor dem Laden. Wartete. Mein Vater wusste, dass ich eine Zigarette rauchte.

Drei ältere Jungs standen auch da herum.

Ich mit frisch geschnittenem Haar, Ausgehklamotten. Freute mich auf den Geburtstag am Nachmittag bei einem Klassenkameraden. Das gefiel mir gut. Unbekümmert schaute ich mir die älteren Jungs an. Bis einer sagte: »Wat kiekste denn so blöde?«

Ich hatte keine Antwort darauf. Schaute weg.

Ein paar Minuten später, in Gedanken verloren, schaute ich schon wieder zu den Jungs hin. Der größte von ihnen maulte: »Wennde noch mal so blöde kiekst, kriegste wat uff de Fresse.« Ich erschrak. War gewarnt. Machte mir eine neue Zigarette an. Schaute festen Willens ans andere Ende der Straße, nicht zu den Jungs. Folgte den Arbeitsabläufen eines Krans. Malte mir aus, wer noch alles zum Geburtstag kommen würde. Meine Gedanken drifteten ab.

Während ich noch überlegte, musste ich mich mit dem Kran gedreht haben. Für einen Moment sah ich in die Gesichter der drei Jungen. Dann landete eine Faust auf meinem Jochbein.

Sogleich hielt ich meine Hand über das schmerzende Auge. Ich war auf die Knie gestürzt. Mit der anderen Hand stützte ich mich am Boden ab. Die drei Jungs entfernten sich lachend.

Ich hievte mich zu einem Kellerfenster. Sah noch den Riss über, unter dem Auge. Dann war ich fast blind. Verzweifelt auch. So konnte ich nicht zu meinem Vater zurück. Zum Geburtstag konnte ich so auch nicht gehen. Das Auge brannte höllisch.

Wie im Traum hörte ich meinen Vater sagen: »Wer war dit denn?«

35

Ich zeigte nur in die Richtung, in die die Jungs verschwunden waren. Mein Vater stellte mich auf die Beine. Legte ein Taschentuch auf mein Auge. Drückte leicht meine Hand darauf. In die andere Hand schob er mir seine Aktentasche.

»Du kommst langsam nach«, sagte er. Schon rannte er los.

Ich ging ihm nach. Als ich um die Ecke kam, war er mit den drei Jungs im Gespräch.

»Wer hat meinem Sohn die Faust ins Gesicht geschlagen?«, hörte ich ihn fragen. Der Große baute sich vor meinem Vater auf. Wollte was sagen. Da trafen ihn schon zwei Faustschläge ins Gesicht. Ein anderer wollte ihm helfen. Aber der bekam auch ein paar Schläge ab. Der dritte wollte abhauen. Mein Vater machte einen Satz, hielt ihn fest. Dann prasselten auch auf ihn ein paar Schläge ein. »Dit is dafür, dass de zujeglotzt hast.«

Mein Vater nahm mir die Tasche aus der Hand, legte den Arm um mich. Wir schauten nochmal nach den am Boden liegenden kleinlauten Jungen. Dann machten wir uns auf den Weg nach Hause. Obwohl mein Vater mir zuredete, zum Geburtstag zu gehen, wollte ich nicht.

Stilfragen

Die Mutter hatte auch eine andere Seite. Wollte anders sein. Als ich 13 war, wurde es modern, auf Jeansjacken Aufnäher zu tragen. Mit verbotenen Rockmusikern drauf. Die Bilder wurden natürlich im Westteil der Stadt gekauft. In den Osten geschmuggelt. Ich bat Hedwig, mir sowas mitzubringen aus dem Westen.

Irgendwie erfuhr meine Mutter davon. Am Abend rief sie mich zu sich. Fragte, wen ich gern auf meiner Jacke hätte. Ich war erstaunt. Sie hatte wohl keine Ahnung, wen sie da malte: Jimmy Hendrix, Robert Plant. Auch dachte sie sich gleich ein System aus, wie man die Bilder öfter tauschen könnte: Druckknöpfe.

Bei dieser Gelegenheit zeigte sie mir Modezeichnungen, die sie als junges Mädchen gemacht hatte. Irgendwie sahen ihre Entwürfe frühlingshaft aus. Beschwingt.

Ach, warum war sie nicht wie ihre Kleider?

Am nächsten Tag wollten mir viele ältere Schüler die kleinen Kunstwerke abkaufen. Da man aber einen Tadel bekam, wenn die Lehrer eine Jeansjacke mit Aufnäher erwischten, flaute das Interesse bald wieder ab.

Mein Stil änderte sich schnell, als ich im Jahr darauf die Lehre begann. Dem Stumpfsinn der täglichen Arbeit im Gleisbau entfliehen musste. Meine Gedanken, Lebensgeister sich auf den Weg machten, eigene Lehrmeister suchten. Dann wollte ich das Einfachste vom Einfachen zum Anziehen haben. Keine Ost- oder Westkleidung. Am liebsten wäre ich mit einer buddhistischen Kutte herum gelaufen.

Hedwig fand alte Maurerhemden aus Leinen. Änderte sie nach meinem Geschmack: Kürzte die Länge. Erweiterte die Ärmel. Stickte große japanische rotfarbene Kanjis auf die Brust. OP-Hosen wurden durch einen Keil in den Beinen erweitert. Eingefärbt. Leichte Matrosenschuhe vom Vater. Das Geschenk einer älteren Schülerin: Eine indische Hippie-Umhängetasche. Wo immer sie die her hatte.

Als mir später Hedwig das Nähen beibrachte, entstand meine erste wattierte Kimonojacke.

BETRIEBSBAHNHOF SCHÖNEWEIDE

Berufsleben

Die Rotte der Gleisbauer war ein zusammengewürfelter Haufen: Alkoholiker, Kriminelle, Knastbrüder, ernannte Lehrmeister, Lehrlinge.

Zwei Jahre lernte ich, wie man Gleise verlegt. Wie man Schienen schleppt, Schwellen durch die Gegend wuchtet. Wenn ich abends mit der Arbeit fertig war, brannte mein ganzer Körper, zitterten meine Hände.

Die Gleisnivellierung per Hand: mit einer Spitzhacke in den Händen, den Oberkörper gekrümmt, schlug man Schottersteine unter die Schwellen bis sich das Gleis anhob. Schwelle für Schwelle, fünfzig Meter. Ob es schneite, regnete oder die Sonne brannte.

Dann griff sich jeder Arbeiter seine Winde, schleppte sie fünfzig Meter weiter, schob sie unter den Schienenkopf, leierte den Strang hoch. Dann wurden die nächsten fünfzig Meter Gleis gestopft.

Wenn endlich das Kommando zur Frühstückspause kam, schmiss man sich bei Sonnenschein einfach neben das Gleis. Atmetet durch, versuchte Wasser zu trinken. Meistens war ich so erschöpft, dass ich meine Pausenbrote nicht essen konnte. Meine Arme versagten öfter ihren Dienst.

Wenn ich feierabends eine Zeitung lesen wollte, zitterten meine Hände. Es war unmöglich, die Buchstaben zusammenzusetzen.

Die Schule hatte mir zu spät mitgeteilt, dass ich nicht in die Oberstufe versetzt würde. Als ich das Schreiben bekam, gab es keine Lehrstellen mehr. Die Mutter plädierte für Gleisbau, weil das mit einer Internatsunterbringung verbunden war. Sie wollte mich loswerden. Aber welch ein Verdruss, als sie erfuhr, dass das Heim noch nicht gebaut war!

Der Arbeitsbeginn zwang mich, sehr früh schlafen zu gehen. Wenn ich abends maulfaul war, lag es auch daran, dass mir alles weh tat.

Jeden Tag versuchte ich, eine Möglichkeit zu finden, nicht mehr als Gleisbauer zu arbeiten. Schlägereien waren an der Tagesordnung. Meine etwas dickliche Figur machte mich erneut zu einem beliebten Opfer. Mit Schienenstücken wurde hinter mir her geworfen. Von mir hatte man keine Gegenwehr zu erwarten. Mein Vater war schon öfters ratlos, verzweifelt gewesen, dass ich nicht zurückschlug, wenn man mich schlug. Was war nur los mit mir.

Ich erinnere mich an Nachmittage auf dem Hof, nach der Schule, wenn ältere Kinder mich schlugen. An einen Baum banden. Mit Obst nach mir schmissen. Ich wusste mir keinen Rat, wie ich den Quälereien entgehen konnte. Die meisten Nachbarsjungen waren schon in der 10. Klasse, Halbwüchsige, die gern ihre Stärke demonstrierten.

Viele Male konnte ich zu Hedwig flüchten. Ihre Ruhe wirkte wie Balsam.

Jeden Tag spürte ich, dass es mehr geben muss. Ich drohte, in mir zu ersticken. In so vielen Büchern hatte ich gelesen, dass die Menschen ihr Leben änderten. In die weite Welt gingen, um sich zu bilden. So beschloss ich, den Geist zu nähren.

Das jähe Ende der Schule, die Lehre als Gleisbauer, die älteren Kindern die mich schlugen, sollten kein Grund sein, mich nicht zu verändern. Es mussten Veränderungen her. Körperlich wie geistig.

Lehrmeister

So geschah es an einem Nachmittag: Ich hatte mal wieder nichts zu tun. Die Arbeit war getan. Ich lungerte auf dem Hof herum. Ein älterer Mann, der meinem Elend wohl lange genug zugeschaut hatte, lud mich ein zum Bogenschießen. Verdutzt, aber neugierig, ging ich am nächsten Tag an den von ihm genannten Ort.

Bogenschützen. Das Ziel im Visier. Der Pfeil ruht. Zeitlupentänzer in der Abendsonne. Nach langem Ausharren surrt der Pfeil dann doch los. Ohne dass ein Bogenschütze zum Ziel schaute, trafen die Pfeile ins Schwarze.

Der Zeitlupentänzer winkte mich zu sich. Zeigte mir Übungen. Korrigierte mich.

Nun ging ich täglich nach der Arbeit dorthin. Erst erlernte ich das Bogenschießen. Später kam auch das Schattenboxen in Zeitlupe dazu. Wing Tsun hielt Einzug in mein Leben. Der Zen-Buddhismus auch. Täglich übte ich mich in Meditationstechnik, begann sie zu verinnerlichen.

Die letzte Woche jedes Monats musste ich täglich in die Berufsschule nach Jüterbog fahren. Mit dem D-Zug eine Stunde hin, eine zurück. Maschinenkunde, Mathematik, Deutsch, Fachkunde. Staatsbürgerkunde. Anfänglich hatten einige Lehrer geduldet, dass ich heimlich unter der Bank Bücher las. Einer weniger, der den Unterricht störte. Im Deutschunterricht war mir aufgefallen, dass der Lehrer falsche Dinge über Heinrich Heine erzählte. Nach der Stunde wollte ich das bescheiden richtigstellen. Meine Fragen stießen auf taube Ohren. Mein Wissen wurde lapidar abgetan. Nun war der Deutschlehrer gewarnt. Er gab mir eine Hausaufgabe, die Literaturstudenten ins Schwitzen gebracht hätte.

Ich fragte eine Bekannte um Rat. Ihre Schwester studierte. Vielleicht konnte sie helfen? Aber sie konnte nicht. Verwies mich an einen Herrn. Einen Doktor für Literaturwissenschaft.

Nach dem ersten Gespräch wurde mir klar, dass ich den Richtigen gefunden hatte. 30.000 Bücher stapelten sich in den Regalen seiner Wohnung. Schoben sich in dichten Reihen von den Wänden weg in den Raum hinein. Nur ein kleiner Gang zum Schreibtisch war geblieben. Mit der richtigen Lektüre konnte ich meine Aufgabe selbst lösen.

An jenem Abend ging ich nicht nur mit Büchern von dannen. Reich beschenkt fühlte ich mich. Die Literatur wurde nun zu meinem Steckenpferd. Ich ließ mich ausbilden. Wurde inspiriert.

Camus, Hesse, Whitman, Hegel, Nietzsche hielten Einzug in meine Gedanken. Baldwin, Bachmann, Heym, Baudelaire fanden zu mir.

Unfassbar war dieses geistige Glück. Was für ein großartiges Geschenk!

Jetzt konnte ich zum ersten Mal reisen. In meinem Kopf. In fremde Länder. In andere Zeiten.

Mein Körper veränderte sich durch meine Übungen. Viele Widersacher verloren die Lust, mich zu quälen, denn nun war ich ausgebildet. Ich konnte kämpfen. Tat es auch.

In unserem Kiez fiel mir ein Mann auf. Meist grimmig aussehend, war sein Gehen eher ein Rennen. Oftmals rempelte er Umherstehende, die seinen Weg kreuzten, vor Schaufenstern, auf dem Gehweg an. Murmelte vor sich hin: »Dumme Gaffer.« Keine Sekunde, so schien es, wollte er mit Unnützem verschwenden. Ich war von seiner Erscheinung wie magisch angezogen. Konnte ihn mühelos aus der Masse herausfiltern.

Eines Tages musste ich ihm folgen. Dem inneren Sog nachgeben.

An seinem Haus kletterte ich auf ein Fenstersims, schaute durch das Fenster, das er geöffnet hatte: Buddha-Statuen, japanische Opferbecken, chinesische Möbel, Tuschezeichnungen zierten den Raum, der einem Museum glich. Intensive Gerüche von Ölfarben, abgebrannten Zündhölzern strömten mir entgegen.

Ich ahnte eine andere Welt. War wie gebannt.

Plötzlich stand dieser Mann vor mir, sagte barsch: »Hau ab!«

Seine schwarzen tiefliegenden Augen sahen mich bedrohlich an. Fast wäre ich vom Fenstersims gefallen. Enttäuscht trottete ich die Straße runter.

»Hey Junge, komm mal zurück!«, rief der Mann hinter mir her. Also kehrte ich um. »Wollen wir morgen zu Abend essen?«, fragte er freundlich. »Dann zeig ich dir alles.«

Am nächsten Tag empfing mich Jochen. Er führte mich durch sein Reich. Ein Zimmer war dem Barock gewidmet. Prunkvolle Möbel, ringsum Regale mit antiken Gläsern. Der nächste Raum war ein Maleratelier mit Staffelei. Das Wohnzimmer, das ich ja bereits ein bisschen gesehen hatte, beeindruckte mich so sehr, dass ich verstummte.

Als wir das Abendbrot aus der Küche holten, lauschte ich seinen vielen Erzählungen. Jochen war Oberkonservator am Institut für Denkmalpflege der DDR. Zeigte mir alte Kunstgegenstände. Erklärte mir deren Geschichte. Berichtete von seiner Arbeit.

Oft reiste er mit mir in fremde Länder. Auf einer japanischen Schale aus der Kamakura-Zeit drapierte er asymmetrisch ungarisches Gebäck. Wir schlossen die Augen, aßen, schwiegen, begaben uns in die Puszta oder durchwanderten japanische Tempelanlagen. Der Kreis des Buddhismus umschloss mich immer mehr.

An diesem Tag ging ich schweigsam, in mich gekehrt nach Hause. Unter dem Arm trug ich Gedichte von

44

Jacques Prévert. Eine Erstausgabe mit Zeichnungen von Miró.

Nun hatte ich einen neuen Lehrer. Für Kunstgeschichte, Philosophie. In den nächsten Jahren trafen wir uns wöchentlich.

Entscheidungen

Nun wollte ich nicht mehr in der Gleisbauer-Rotte arbeiten. Die Arbeit war einfach idiotisch. Ruinierte meine Gesundheit.

Einige Kämpfe hatten gezeigt, dass ich ein Krieger geworden war. Aber ich verspürte keine Lust mehr, mich zu schlagen, zu zeigen, dass ich mich verändert hatte. Ich wollte mich nicht reduzieren lassen auf eine bestimmte Rolle, wollte kein Image haben.

Fortan wollte ich meinen Geist ausbilden. Aber wie stellte man das an, wenn einen dieser brutale Haufen umgab?

Eine Krankheit musste her. Schnupfen? Fieber reichte nicht aus.

Ich beschloss, mir den Finger zu brechen. Aber wie stellt man das an? In einen Schraubstock einspannen, dann mit einer Eisenstange auf den Finger schlagen? Ich probierte es. Aber der Hieb war nicht stark genug.

Einige andere Versuche.

Letztendlich tat es die Toilettentür. Der Finger in den hinteren Spalt, neben das Scharnier eingeschoben. Heftig die Tür geschlossen. Da brach er.

Nun war ich für längere Zeit krank. Meditieren konnte ich trotzdem. Vor allem hatte ich Zeit zum Lesen.

Eines Nachts, es war schon das zweite Mal, nahm ich Geld aus der Jackettasche meines Vaters. Immer waren seine Taschen gefüllt. »Beim Spielen jewonnen«, sagte er mal lächelnd.

Als ich in dieser Nacht ein bisschen Geld leihen wollte, stand mein Vater plötzlich neben mir. Ich wagte nicht, ihn anzuschauen. Mit ruhiger Stimme fragte er, was ich mit dem Geld vorhätte. Wie viel ich schon genommen hätte. Er erkundigte sich auch, wie viel Monatsgeld ein Lehrling bekam. Ich gestand. Stammelte: »Will damit die gesammelten Briefbände von Vincent van Gogh koofen. In der Friedrichstrasse bei eenem jüdischen Händler.«

Mein Vater gab mir den noch fehlenden Betrag. Nachdem ich die Bücher gekauft hatte, sollte ich ihn im Friseurladen besuchen. Das Beste aber war, dass er mir sagte, ich solle ihm ruhig Bescheid geben, wenn ich Geld bräuchte für Bücher. Oder für sonst etwas.

Der Finger heilte leider doch noch. Krankengymnastik. Meine ersten Schritte zu meiner alten Dienststelle waren schleppend.

Am liebsten wäre ich umgekehrt, wollte Hedwig besuchen. Wollte Wing Tsun machen oder meine geistigen Lehrer besuchen.

Inmitten der Gleisarbeit kam plötzlich eine Anfrage aus dem Büro: Ob jemand als Dampflokheizer arbeiten wollte?

Ich traute meinen Ohren nicht. Auch Lehrlinge könnten sich melden. So verlockend hörte sich das an. Aber niemand wollte ständig auf Achse sein.

Mit der Antwort zögerte ich nur, weil ich der Jüngste war. Weil ich nicht so richtig glauben konnte, dass sie mich nehmen würden. Aber sie nahmen mich. Kaum zu glauben!

Eine Dampflok war nun auch mein Zuhause.

Ich hatte mich dort eingerichtet. Mit Büchern natürlich. Der Bogen durfte auch nicht fehlen. Wenn wir durchs Land rasten, fühlte ich die Weite. Die Welt vom Himalaya bis zur Arktis. Wenn die Signale auf Rot standen, las ich, meditierte oder schoss Bogen.

Zwei Jahre hatte ich Gleise verlegt.

In der Berufsschule, wenn ich die anderen Lehrlinge traf, erzählte ich niemandem von meinem Glück.

Die Anstrengungen, eine Dampflok zu heizen, waren nicht vergleichbar damit, meist mit Menschen zu arbeiten, deren Geist roh war.

Am Morgen, wenn ich zu meiner Lok fuhr, konnte ich sie schon von Weitem sehen. Das beruhigte. Fast ein Ritual, sie zu begrüßen. Guten Morgen sagen. Dankbarkeit spüren. Feuer legen. Thermometer kontrollieren. Sonnenaufgang.

Immer wieder Erinnerungen an Hedwig.

Wenn die Kessel heizten, die Thermometer unter Dampf standen, kam der Lokführer. Dann holten wir die Waggons ab. Rangierten. Die Reise konnte beginnen.

Manchmal waren wir tagelang unterwegs. Ich vermisste mein wirkliches Zuhause nicht.

Karin

Als ich 16 Jahre alt war, kam die tätowierte Frau in unsere Gegend. Jeder schien sie zu kennen. Nur ich nicht.

Karin. Auf ihrer Stirn stand INRI tätowiert. Eine Schlägerei hatte ihr mehrere Monate Jugendwerkhof eingebracht. Dann noch zwei Jahre Knast. Sie redete mit den älteren Jungs im Kiez, aber eigentlich machte sie sich auch etwas lustig über sie. Der geborene Chef, dachte ich. Als sie ihre Jacke auszog, konnte ich ihre vielen Tätowierungen sehen. Irgendwann fragte Karin mich so nebenbei: »Neu hier?«

Ich erwiderte einfach, wollte harmlos wirken: »Erst war ick uffem Land, dann Schule, jetze beim Gleisbau.« Was für eine dämliche Aussage! Aber meine wirklichen Interessen wollte ich vor den anderen nicht sagen.

Wie auch immer. Karin hatte einen Narren gefressen an mir. Manchmal durfte ich sie auf Kneipentouren begleiten. Sie trank äußerst wenig, aber sie wollte sich mal wieder zeigen. Überall wo sie hin kam, kannte man sie. Die Leute freuten sich, wenn sie auftauchte.

Eines Tages gingen wir an den Kanal, tranken ein paar Biere. Karin erkundigte sich nach meinen Erfahrungen mit Frauen. Wollte Auskunft über mein Liebesleben.

Ich stotterte rum. Hier ein Kuss, da ein Kuss mit Fummeln. Karin lachte. »Wann können wir anfangen?«, erkundigte sie sich. Ich überging ihre Frage, aber ich wusste, dass sie es ernst meinte.

Eines Nachmittags klingelte ich dann an der Haustür meiner Familie. Mein Vater erschien auf dem Balkon. Musste lächeln als er meinen Wunsch hörte, den Gartenschlüssel haben zu wollen. Denn er sah ja auch Karin, deren Hand ich fest in meiner hielt. Dann holte er den Schlüssel.

Wie er ihn runter werfen wollte, hielt ihn meine Mutter zurück. Sie stritten sich. Das lockte natürlich ein paar Nachbarn auf ihre Balkone. Peinlich. Die Nachbarn lächelten über diesen Streit. Dann flog der Schüssel auf den Rasen. Glücksgefühle kamen auf.

In der Laube angekommen, wies Karin dann gleich mal darauf hin, dass sie eine hohe Qualität im Lieben, Intensität erwarte. Was immer das heißen sollte.

Wir neckten uns. Tranken Wein. Sprachen. Lachten. Dann lagen wir nackt unter der Decke. O Gott! Ich dachte die ganze Zeit darüber nach, was ich nun tun müsste, um Liebesqualität zu haben. Streicheln wäre doch gut. Dabei spürte ich Karins zarten Körper. Alles Burschikose hatte sie mit ihrer Kleidung abgelegt. Leidenschaftlich küsste sie mich. Das sollte nie aufhören, dachte ich. Aber ich war immerzu am Denken.

Plötzlich krachten dumpfe Schläge gegen die Tür. Die Wände der Laube zitterten. Der Schreck war uns in die Knochen gefahren. Ließ uns innehalten. Einen Moment befürchtete ich, meine Mutter stehe hinter dieser Tür.

49

Mit einem Ruck sprang ich auf. Splitternackt riss ich die Laubentür auf.

Zwei Grenzsoldaten in Uniform zielten mit ihren Maschinengewehren auf mich. Einen Moment hielt die Stille an.

»Ausweis! Passierschein, hier ist Grenzgebiet!«, durchbrach die Stimme des einen Soldaten mein Staunen.

Noch suchte ich nach Worten. Die schwarzmaskierten Gesichter sahen unwirklich aus. Die Tarnnetze über der Uniform beeindruckten mich. Die Maschinengewehre waren unglaublich. Allmählich fand ich meine Worte wieder. »Eenen Ausweis hab ick natürlich. Dit Grenzjebiet bejinnt aber erst ab dem nächsten Grundstück.« Ich zeigte auf den Pfeiler.

Auch Karin war aufgestanden. Eingehüllt in eine Decke. Zeigte ihren P12-Ausweis. Die Grenzsoldaten hatten die Dokumente an sich genommen. Es schien, als verschwanden sie damit in der Dunkelheit. Dann kam einer von ihnen wieder auf uns zu. Wir bemerkten sofort das nun geschulterte Gewehr. Er reichte uns die Ausweise mit dem Hinweis: »Weitermachen!«

Schlotternd schloss ich die Tür von innen ab. Zog mir ein paar Klamotten an. In einem Wandschrank kramte ich nach den Schnapsreserven meines Vaters. Dann eilte ich unter die Decke zu Karin. In großen Zügen kippten wir den Schnaps runter. Ich dachte die ganze Zeit, das war es nun wohl, das große Liebesabenteuer mit Karin.

Der Schnaps beruhigte mich, aber ich schlotterte immer noch. Traurig wurde ich.

Ich stand auf. Ging in den Garten. Es dämmerte. Nebel auf dem Rasen. Wie eine japanische Tuschezeichnung. Machte mich noch beklommener. Karin war rausgekommen, schmiegte sich an mich, küsste meinen Hals. »Komm«, flüsterte sie.

Immer wieder vereinigten sich unsere Leiber. Sanft lenkte mich Karin. Kein Denken war in mir. Wir tranken uns. Später lagen unsere glühenden Körper in Nebelschwaden. Die Sonne war lange aufgegangen.

Der Rückweg dauerte eine Ewigkeit, denn wir konnten nicht voneinander lassen. In mir kam eine Idee auf: Ein kleiner Umweg zu Schlosser Krause. Dann hatten wir einen Zweitschlüssel.

Wir waren oft in der Laube. Das mit Karin machte die Runde. Nun wurde ich für ältere Frauen interessant. Obwohl wir uns später trennten, trafen wir uns noch einige Jahre, wenn keiner von uns beiden einen Partner hatte. Bis Karin eines Tages aus Berlin wegzog. Da verlor ich ihre Spur.

Konflikte

Als ich sechzehneinhalb war, trennten sich meine Eltern. Ich musste sagen, bei wem ich leben möchte. Meine Schwester entschied sich, mit meinem Vater zu gehen. So blieb ich bei der Mutter. In dieser Zeit wurde sie richtig nett.

Nach einem halben Jahr stellte sie mir ihren neuen Begleiter vor. Kleiner Glatzkopf mit Schnurrbart, Handgelenktasche. PGH-Vorsitzender. Abteilung Glas. Baute die Ost-Berliner Terrarien mit Westglas, das er heimlich auch verkaufte.

Womöglich merkte er, dass mir mein wie Elvis aussehender Vater besser gefiel. Dass ich ihm keine Chance einräumen würde, Ersatzvater zu werden.

Er gab sich sichtlich Mühe. Wollte abends so komische Dinge wie Zusammenkünfte nach dem Abendbrot veranstalten. Oder Sonntagsgespräche. Da war er bei mir an der falschen Adresse. Ich hatte keine Lust auf solche Ideen.

Schließlich baute er mir, ohne dass ich ihn darum gebeten hatte, ein riesiges gläsernes Bücherregal. Er dachte wohl, das sei die Eintrittskarte zu meiner Seele. Aber die blieb für ihn verschlossen.

Jeden Tag wartete ich nun auf das Ende meiner Lehrzeit. Dann hatte ich den Gesellenbrief in der Tasche. Wider alle Erwartungen, willigten meine Vorgesetzten sofort ein, einen Aufhebungsvertrag zu machen. Das war wie eine ordentliche Kündigung. Ich musste nie-

mandem erklären, was als nächstes in meinem Berufs-
leben passieren sollte. Einen Monat später war das
Thema Deutsche Reichsbahn für mich beendet. Nicht
mal die Kaderabteilung meldete sich.

Von diesem Joch befreit, fuhr ich sofort zu Hedwig
aufs Land. In den nächsten Tagen durchlebte ich bei ihr
die glücklichen Jahre von einst.

Zurück in Berlin widmete ich mich tagsüber, nachts,
der Literatur. Übte Schattenboxen, meditierte. Bewer-
bungen schrieb ich auch. Ausgestattet mit Weggeld von
Hedwig hatte ich vorerst keine Sorgen.

Die Antworten auf meine Bewerbungsschreiben ende-
ten meist mit den Zeilen *Leider müssen wir Ihnen mitteilen,
dass wir Sie nicht einstellen können. Mit sozialistischem Gruß…*

Mit sozialistischem Gruß. Wenn ich das las, stellten sich
mir die Nackenhaare hoch. Sie hätten sonst etwas
schreiben können. Aber nicht diese Floskel, die sich wie
ein roter Faden durch mein Leben zog. Meistens Anpassung, Ärger bedeutete.

Meine Tante fragte an, ob ich ihr helfen könne auf dem
Gemüsemarkt am Alex. Geld bekam ich dafür natürlich
schwarz. Eine behördlich angemeldete Arbeit war das
nicht. Egal. Für mich war es eine Möglichkeit, unter
Menschen zu kommen.

Drei Monate lang ging das wirklich gut. Vier Tage in
der Woche schuftete ich je 14 Stunden am Stück. An-
sonsten las ich. Wo immer Zeit oder Ruhe war. Dann
Karin treffen, abholen. Der Garten.

Eines Tages schob sich der neue Begleiter meiner Mutter in mein Zimmer. Irgendwie wirkte er harmlos. Ich beachtete ihn nicht weiter. Doch plötzlich sagte er aufgebracht: »Ich hab die Schnauze voll!«

»Wat iss'n passiert?«, fragte ich. Aber eigentlich interessierte es mich nicht.

»Zwei Monate hat mich deine Großmutter nun erpresst.« Ich wollte schmunzeln, aber das verging mir gleich wieder. »Sie sagte, wenn ich dich bei der Polizei anzeige, weil du ein Asozialer bist, ohne Arbeitsverhältnis, würde sie nie wieder ein Wort mit mir wechseln.«

Da musste ich doch kurz lächeln über Hedwig.

Er fuhr fort: »Bis gestern hab ich mir das gefallen lassen. Heute habe ich dich angezeigt. Du bist ein Asozialer! Keine Arbeit. Hängst deiner Mutter auf der Tasche. Zahlst keinen Mietanteil. Essen willst du auch. Das wird sich ändern!«

Erst wollte ich mich erklären. Wollte sagen, Mensch ich bin 17 Jahre alt, hab den falschen Beruf gelernt. Bemüh mich ja… Aber dann kamen weitere erboste Worte von ihm: »Solche Parasiten wie dich muss man ausmerzen! Nach Torgau mit dir! Erst Jugendwerkhof. Dann Zuchthaus.«

Ich hätte in diesem Moment gern gewusst, was meine Mutter dazu sagt, aber die war leider nicht da. Bestimmt wusste sie von dieser Aktion. Ich war maßlos enttäuscht.

Ganz langsam ging ich auf diesen Mann zu. Hätte er einmal gewagt, mich anzufassen, hätte ich ihn verprügelt. Mein steifer Arm schob ihn, die Faust auf seiner Brust, durch das Zimmer. Keine Sekunde ließ ich ihn aus den Augen. Als er über die Türschwelle war, knallte ich die Tür vor seiner Nase zu. Verschloss mein Zimmer. Wie mechanisch steuerte ich auf die gläsernen Bücherregale zu. Raffte die Bücher zusammen. Schraubte die Regale von der Wand.

Durch das Schlüsselloch beobachtete er mich. Als ahnte er, was jetzt kommen würde, schrie er wütend. Trat gegen die Tür. Ich hörte ihn nicht mehr. Öffnete mein Fenster. Schaute, dass sich keine Menschen auf dem Hof befanden.

Ein Regal nach dem anderen schmiss ich aus dem vierten Stock. Hinunter aufs Straßenpflaster. Passanten blieben stehen.

Als ich fertig war, öffnete ich die Tür. Wartete auf seine Reaktion. Aber da kam nichts mehr. Hatte sich der eifrige Mann verausgabt?

Er stand einfach da. Ich schob ihn beiseite. Verließ die Wohnung. Ging zu Frau Post zwei Stockwerke tiefer. Eine nette Nachbarin. Bat sie: »Könnse mir Ihren Leiterwagen borjen?«

Wie immer war sie hilfsbereit. »Na klar, wat willste denn damit? Bekomm ick den wieder?«

„Ja. Ick muss ausziehn, jetze."

Wiedergutmachung

Nach Abschluss der Lehre, als ich 17 war, kam das Jahr der Wiedergutmachung.

Ich war im Kämpfen ausgebildet. Wollte jeden Typen finden, der sich früher an mir vergriffen hatte. Wollte alle zur Rede stellen. War zum Kampf bereit, würden sich die wiedergefunden Peiniger von einst nicht reuig zeigen.

Als ich acht Jahre alt war, stand ich verträumt auf dem Schulhof rum. Es war Winter. In dem Augenblick, als ich mich umdrehte, traf ein vereister Schneeball mein linkes Auge. Ich hatte den Halt verloren. Taumelte. Sah noch den Jungen, die Klasse, wie sie lauthals lachten. Dann fiel ich in den Schnee.

An einer Currywurstbude wartete ich nun auf den damaligen Werfer. Elegant sah er aus. Vielleicht ein Bankangestellter. Höflich sprach ich ihn an. Ob er sich erinnern könnte, dass er einem Jungen auf dem Schulhof einen Schneeball aufs Auge geworfen hatte? Er druckste rum. Aber ich spürte, dass er sich erinnerte. Dann wurde er ungehalten. »Verpiss dich!«, fauchte er. »Sonst kriegste noch wat uff's andere Ooge!«

Da ich nicht aus dem Weg gehen wollte, schlug er zu.

Diesmal war ich gewappnet. Zwei geschickte Ausweichmanöver. Ein Fußtritt ins Knie zwang ihn zu Boden. Mein Ellbogen sauste an seinen Kopf. Noch ein Fußtritt. Er lag ohnmächtig im Gebüsch. Ich schaute, ob er noch lebte. Dann ging ich meiner Wege.

Dann gab es da diesen Kohlenträger: Wenn ich für meinen Vater in der Kneipe Zigaretten holte, war oft der Kohlenträger mit seinen Kumpanen dort. Einmal, als ich gerade Zigaretten gekauft hatte, versperrte mir dieser Typ den Rückweg. Schubste mich zu seinen Kumpels. Sie nahmen mir die Zigaretten weg. Umzingelten mich. Gaben mir leichte Ohrfeigen. Dann durfte ich die Zigarettenschachteln auf dem Fussboden suchen. Sie wurden von einem zum anderen geschossen. Als ich alle eingesammelt hatte, gehen wollte, bekam ich vom besagten Kohlenträger noch mal richtig eine geknallt. Dann konnte ich gehen.

An diesem frühen Abend, sieben Jahre später, ging ich an den Tresen dieser Kneipe, bestellte ein Bier. Der Wirt kannte mich ja, meinen Vater auch, so war das kein Problem. Ich war noch am Zögern, ob ich ein zweites Bier bestelle, als tatsächlich der besagte Kohlenträger mit seiner ganzen Meute hereinkam.

Sofort war der gesamte Schankraum von ihrem Grölen erfüllt. Alle wollten Bier. Auch ich bestellte. Einige schauten zu mir rüber, aber sie erkannten mich nicht. Oder wollten mich nicht erkennen.

Als der Kohlenträger sich endlich auf den Weg zum Klo machte, heftete ich mich an seine Fersen.

Beim Pinkeln schaute er ein paar Mal zu mir rüber. Aber noch schien er sich nicht zu erinnern. Plötzlich schloss er seine Hose. Ich machte es ihm nach. Er klatschte in die Hände. Baute sich vor mir auf: »Na, willste mal wieder wat uff de Fresse?« Da wusste ich, dass es keine Unterhaltung wird. Ich nickte.

Sogleich begann der Kampf. Völlig geschockt, dass ich sofort konterte, ließen ihn die ersten Schläge zurücktaumeln. Ich setzte nach. Meine Nähe an seinem Körper machte ihm zu schaffen. Ein Schlag aufs Schlüsselbein machte ihn fast bewegungsunfähig. Das Handgelenk des anderen Arms schien gebrochen. Dann nahm ich ihn in den Schwitzkasten. Zerrte ihn aus der Toilette. Mit einer Drehung warf ich ihn auf den Tisch zu seinen Kumpanen. Hielt ihm am Schopf. Vom Tisch fielen klirrend die Gläser. Alles andere auch.

Ringsum war es still geworden. Nur sein Röcheln war zu hören. Gespannt wartete ich, ob ihm jemand helfen würde. Da sich niemand rührte, ließ ich den Kohlenträger los. Rückwärts verließ ich die Kneipe.

HACKENBERGSTRAßE

Nestbau

Nach dem Zwischenfall mit dem neuen Begleiter meiner Mutter reiste ich erst mal in einen anderen Stadtbezirk. Mit dem geborgten Leiterwagen. Darauf viele Bücher, ein Bett, ein Stuhl, ein Zelt. Keine Geschenke. So zog ich von zu Hause aus. Suchte eine eigene Wohnung.

Das war nicht so einfach. Schließlich herrschte offiziell Wohnungsmangel. Tatsächlich gab es in der DDR aber eine inoffizielle Regel: Konnte man Wohnraum nachweisen, der länger als drei Monate leer stand, hatte man Anspruch auf diesen. Also zog ich los. Leeren Wohnraum zu finden. Nachweise zu sammeln.

Ich parkte den Leiterwagen immer wieder. Schrieb zig leer stehende Wohnungen auf. Wendete mich mit meiner Liste an die Kommunale Wohnungsverwaltung im Rathaus Treptow. Bekam zig Ausreden zu hören, warum diese Wohnungen nicht verfügbar wären. Jede von mir aufgeführte Wohnung fiel angeblich bereits anderen Bestimmungen zu. Diese werde freigehalten für ehemalige Strafgefangene, jene sei baufällig oder schon vergeben.

Da ich mir die nächsten zig Lügen oder Ausreden nicht anhören wollte, begann ich einen Streik. Ich kettete mich an eine Heizung in der Wohnungsverwaltung. Den Schlüssel des Vorhängeschlosses warf ich unter die umstehenden Bänke. Eine Mitarbeiterin der KWV entdeckte mich auf dem Weg zur Toilette. Sie stieß einen kleinen Schrei aus. Tippelte rasch in ihr Büro zurück.

Die Polizisten taten sehr ernst. Nahmen eine mitgebrachte Stahlsäge, befreiten mich. Verwarnungen, Drohungen wurden ausgesprochen. Die Nacht verbrachte ich auf dem Polizeirevier. Auch meinen Leiterwagen hatten sie in sichere Verwahrung genommen.

Am Morgen verließ ich das Polizeirevier in Richtung Rathaus. Entgegen aller Warnungen. Als ich vor dem Amtsgebäude stand, zögerte ich. Aber nur einen Augenblick. Dann baute ich auf der Wiese vor dem Rathaus mein Zelt auf. Steckte Heringe. Räumte das neue Zuhause ein.

Einem herangefahrenen Polizeiauto entsprangen drei Polizisten. Zuviel Aufsehen wollten sie aber wohl nicht erregen, denn es waren auch normale Bürger auf der Straße. Als wäre die Wiese ein tiefes Meer, standen die Polizisten also erst mal am Ufer, riefen zu mir herüber. Kontaktaufnahme. Ein zweites Polizeiauto näherte sich. Nun versuchten sie, die Heringe zu erreichen.

Was aber sollte ich anstellen in meiner neuen Wohnung? Ich setzte mich vor das Zelt in Hedwigs Klappstuhl, begann zu lesen. Ein drittes Polizeiauto näherte sich. Dann ging alles ganz schnell. Die Polizisten stürmten auf die Wiese. Schmissen mich um. Rissen die Heringe aus dem Boden. Zerrten mich in eines der Autos. Im Eiltempo wurde ich zum Polizeirevier gefahren. Kam in Gewahrsam. Schnürsenkel, Gürtel musste ich abgeben.

Am nächsten Morgen sah ich wieder den Himmel. Auch meinen Leiterwagen, der erneut sichergestellt worden war. Der Frau Post gehörte.

Von nun an wollte ich alles anders machen. Ich wendete Treptow den Rücken zu. Zog den Karren bis nach Adlershof. In die Hackenbergstraße.

Vor einem Haus hielt ich an. Eine junge Frau kam heraus, gab mir Auskunft. Die Wohnung unter dem Dach stehe schon seit drei Jahren leer. Ich schleppte die Bücherkisten in den dritten Stock.

Frau Ingeborg Bachmann fiel raus. Søren Kierkegaard purzelte ein Stockwerk tiefer.

Die Tür war verschlossen. Ein fester Fußtritt brach das Schloss heraus. Nun gab es kein Zurück mehr. Schnell zerrte ich die Bücherkisten in die Wohnung. Öffnete die Fenster.

Plötzlich schrie eine hysterische Frauenstimme durch die Wohnungstür. Kam aus dem Nichts. »Kommste da raus! Die Polizei wird dich verhaften!« Dann eilten ihre Schritte ein Stockwerk tiefer.

Ich hörte die Frau telefonieren. Verteilte unterdessen meine Bücher.

Da, wo der Gasherd mal stehen sollte, legte ich James Baldwin, Friedrich Nietzsche, Georg Heym hin. Noch ein Griff in die Kiste. Camus, Rimbaud, Rilke waren das Bett. Die Waschmaschine Sylvia Plath, Jacques Prévert, Herman Bang.

Eine barsche Stimme unterbrach mein Einrichten, forderte mich auf: »Sammeln Sie sofort die Bücher ein!«

Ein Polizist stand in der Tür. Ich dachte gar nicht daran, meine neue Wohnung zu verlassen. Personalausweiskontrolle. Mein Verweis auf meine Notlage fand kein Gehör. Wieder verbrachte ich die Nacht in einer Zelle. Diesmal im Polizeirevier Adlershof.

Am Morgen gab mir ein Offizier den Tipp; einfach die Miete bei der Wohnungsgesellschaft zu zahlen. Würde mir die Sachbearbeiterin eine Quittung ausstellen, wäre ich damit Mieter meiner ersten Wohnung. So kam es auch.

Aber was für eine Bruchbude hatte ich mir da ausgesucht! Keine Stromleitungen. Unverputzte Decken, Wände. Defekte Gasleitungen.

Ich holte den Rest meiner Bücher. Hedwig besorgte Decken, Kerzen, anderes Brauchbares. Dann kam der Winter. Der Schnee rieselte an den kaputten Schieferplatten vorbei. Bis auf meine Dielen. Manchmal heizte ich den alten Ofen. So war der Rücken warm.

tagebuch

november dezember januar februar märz... angezogen mit drei pullovern dem paletot des nie gekannten großvaters einer wollhose vielen socken schuhe mütze verbringe ich lesend die nachmittage abende bei minus zehn grad

roter wein lässt mich dichten

schnaps bringt mich zum schlafen aber nach kurzer zeit wache ich wieder auf liege bis zum morgen zitternd wach der geist erstarrt beim versuch zu denken...

später auf der arbeit kommt die wärme nur langsam in mich

die tage vergehen

Frühling mit Frischmörtel

Im Frühjahr kam der Frischmörtel. Zusagen von Freunden, mir zu helfen, verwehten im Winde. Auf einer Baustelle lernte ich, Mauern zu verputzen, mit der Kateche den Mörtel glatt zu ziehen. Bis ich meine eigenen Decken, Wände verputzen konnte, dauerte es Wochen. Dann schleppte ich Mörteleimer in den dritten Stock. Rieb literweise Mörtel an die Wände. Zwei neue Fenster wurden angeliefert. Ich lernte auch Stromkreise montieren. Wohnungstüren wechseln. Einen Boiler anschließen.

Für die Einrichtung erbte ich Hedwigs Aussteuer: Jugendstilmöbel, Teller, Tassen, Bleikristall, ein Röhrenradio. Auf dem Dachboden richtete ich eine Werkstatt ein. An die Dachschräge baute ich ein Podest, schaute über die Stadt.

Morgens, abends mein Bücherregal mit fahrbarer Leiter. Mein Haustier ein Leguan. Zum Feierabend samstags, sonntags machte ich es mir urgemütlich.

Bach aus Hedwigs Röhrenradio. Verdi vom Plattenspieler.

Im Frühjahr kam auch Frau Podbilski in mein Leben. Die neue Nachbarin im unteren Stockwerk.

Gelegentlich kam sie mit geschmierten Broten auf meine Baustelle. Oder mit frisch gebrühtem Kaffee. Wenn sie dann ins Plaudern kam, war es nicht ganz einfach, ihr begreiflich zu machen, dass ich weiterbauen sollte. Aber das störte sie gar nicht.

Stunden später sagte sie dann, kess den blonden Lockenkopf schwingend: »Jut, komm ick zum Feierabend wieder. Bring ick Wein mit.« Dabei zwinkerte sie mit ihren betörend schönen grünen Augen. Ich lächelte milde, aber doch sehr angetan.

Ich hab Frau Podbilski nie gefragt, warum sie immer etwas mit Rüschen trug. Als ich sie fragte, wo sie herkäme, kicherte sie. Altes Adelsgeschlecht von den Masuren.

Oftmals saßen wir abends auf meinem Podest auf dem Dach, tranken Wein, träumten von ach so vielem.

Dann kam der erste Kuss mit Frau Podbilski. Im Sommer wurde sie meine Geliebte.

Frau Podbilski konnte stundenlang auf dem Bett sitzen, nachdem wir das Kissen geteilt hatten. Sie schaute mir einfach nur zu, wenn ich an der Schreibmaschine saß, Gedichte formulierte.

Endlich fand ich eine neue Arbeit.

Ein Sattlermeister gab mir eine Chance. Sah mein Interesse. So überstand ich den ersten Probetag als ungelernter Näher. Hatte nur Ausschuss produziert. Mir in den Finger genäht.

Der Meister war mir wohlgesonnen. »Kommste morjen wieder«, sagte er zum Abschied.

Etwas ratlos sah ich ihn an. Auch morgen würde ich genauso unfähig an der Nähmaschine sitzen. Aber dann hatte ich eine zündende Idee.

Noch am gleichen Nachmittag bat ich Hedwig, mir zu helfen. Die nächste Nacht nähten wir durch. Auf der alten Singer-Nähmaschine. Hedwig brachte mir die Grundlagen bei: Kappnähte, Säume, verzogene Nähte mit halbrunder Nadel.

So kam ich am nächsten Morgen übermüdet, glücklich, zu meiner neuen Arbeitsstelle. Dann ging ich auch zur Berufsschule. Später wurde ich Musternäher.

Abends übte ich Thai Chi, las in meinen Büchern, meditierte. Ich spürte, so etwas wie ein Heim zu haben. Dennoch verließ mich nie der Gedanke an ferne Länder, an eine Flucht aus diesem Staat.

Meine ersten Gedichte, die ich bei einem sozialistischen Literaturzirkel einreichte, bekam ich mit der Aufforderung zurück, sie umzuschreiben. Dazu lächerliche pädagogische Hinweise, wie sozialistische Literatur gestaltet sein solle, damit Jugendliche zu guten Sozialisten heranwachsen können.

Kulturzensur. Der Staat manipuliert die Bürger zu Einheitsfratzen. Viele Dichter, die ich las, passten nicht in das Weltbild der Kulturfunktionäre.

Oftmals dachte ich, schon geflohen zu sein. Wenn ich Johnny Cash hörte. Wenn die Musik von Elvis durch meine Wohnung klang. Wenn ich ein japanisches Zündelholz anzündete. Wenn ich mich in mich selbst versenkte. Dann war ich weit weg.

Zumindest einsperren konnte man mich nicht mehr, weil ich meiner Mutter auf der Tasche lag. Ständig überlegte ich, was wohl der nächste Grund sein würde, mich in die Schranken zu verweisen. Texte reichte ich nicht mehr ein. Gedanken über den Zen-Buddhismus kamen mir nicht mehr über die Lippen. Westmusik hatte wenig Lautstärke. War das nicht alles schon eine Anpassung, die ich nie wollte? Hatte die Falle nicht schon zugeschnappt? War das System nicht dabei, aus mir einen Duckmäuser zu machen?

So oft wie möglich fuhr ich nach Prag. Am Wochenende. Da ich kein Wort Tschechisch sprechen konnte, nichts verstand, fühlte ich mich weit verreist. Natürlich studierte ich Kafka. Dachte oder hoffte, dass ich diese meine Welt des Gefangenseins in einem Staat dort wiederfinden, verstanden sehen würde.

Fuhr ich nicht in die Tschechoslowakei, war ich auf dem Land bei Hedwig. Wir träumten davon, dass ich den Bauernhof einmal übernehmen würde.

Wenn wir uns manchmal anschauten, dachten wir, die Kommunisten sollten einfach verschwinden.

Oftmals musste Hedwig Bücher für mich schmuggeln. Ich schickte sie in Westberliner Buchläden. Hedwig fragte nicht weiter nach. Meistens trug sie die Bücher unter ihrem großen Busen festgeschnallt über die Grenze. Sie wurde nie kontrolliert. Gott sei Dank.

Die Hackenbergstraße wurde ein guter Ort für mich. Heimat.

An einigen Abenden in der Woche besuchte ich meinen Lehrer für Wing Tsun. Andere Abende ging ich zu meinem Literaturfreund oder zu meinem Lehrer der asiatischen Geschichte.

Wege zu Buddha

Die tägliche Arbeit als Sattler beflügelte mich. Nähte ich mehr oder schneller, war es möglich das doppelte Gehalt eines Normalverdieners zu erwirtschaften.

Eines Tages wurde in unserer Abteilung angefragt, ob sich jemand bereit erkläre, das Mittagessen aus der nahegelegenen Brauerei für alle Angestellten zu holen. Niemand wollte das tun. Man versprach sogar Lohnzahlung für die Dreiviertelstunde Weg.

So kam ich zu einem täglichen Spaziergang.

Dabei kam ich an einem Haus vorbei mit Krishna-Jüngern. Ich freute mich sehr, diese Kolonne gelb gekleideter Menschen zu sehen. Auch ihr Gesang machte mir Freude. Aber eigentlich war es der Gedanke, einen Glauben aus Fernost gelebt zu sehen.

Nach der Arbeit ging ich zu dem Krishna-Haus. Da alle Türen weit offen standen, wollte ich das Innere erkunden. Ein Lehrer forderte mich auf, näher zu treten. So konnte ich in einer bunten Halle Platz nehmen, hörte die Worte des Meisters über den Krishna-Glauben in Ost-Berlin.

Auf dem Heimweg sah ich Firma Horch&Guck, die Stasi, beobachte das Haus. Wie lange schon?

Die Worte des Krishna-Meisters hatten mich aufgewühlt. Vieles klang komplett anders, als in der Lehre des Zen-Buddhismus. Ein gewisser Widerwille stellte sich bei mir ein, weil der Meister versucht hatte, mich zu bekehren. All die netten Worte über Barmherzigkeit, Demut, Gehorsam konnte ich in seinem Sinne nicht

67

nachvollziehen. Sie klangen nicht überzeugend. Denn in jedem Satz schwang auch mit, die Lehre von Krishna sei die einzig wahre, richtige. Auch müssten die Jünger arbeiten, um Abgaben zu entrichten. Das wollte nicht in meinen Kopf. Wenn ich in der folgenden Zeit am Krishna-Haus vorbeiging, lächelte ich höflich. Vermied aber jeden weiteren Kontakt.

Dennoch kam es bei einem meiner Essensgänge so, dass der Meister mir schon von Weitem winkte. Ich konnte keinen Umweg mehr machen. Er bat mich nochmals in sein Haus. Wieder war es seine suggestive Art, seine mit Nachdruck vorgebrachten Worte, ein Jünger zu werden, gegen die ich mich innerlich zur Wehr setzte. Um schließlich gehen zu können, sagte ich ihm, dass in meiner Lehre ein bedeutender Satz stehe: Wenn du Buddha triffst, töte ihn. Der Meister schien erstaunt, aber ich glaube, er wusste genau wovon ich sprach. Keine Götzenbilder. Alle Menschen sind Buddha.

Einige Male tauchte noch der Gedanke an die Jünger auf, wenn ich sie durch Friedrichshagen ziehen sah, lächelte ich.

Dann war es wieder Hedwig, die eine wunderbare Überraschung für mich hatte.

Seelenruhig saß Herr Yuko Mishimoto eines Tages in Hedwigs Küche, trank Kaffee, ließ sich Bilder zeigen aus der Charleston-Zeit.

»Besuch aus Japan«, sagte Hedwig schelmisch. »Dozent für Japanologie, Zen-Buddhist, Priester in Okinawa.«

Mein Staunen war groß. Wie hatte Hedwig das angestellt?

Am Ernst-Reuter-Platz, im größten Buchladen West-
berlins, wo sie Bücher für mich kaufte, hatte sie den
fernöstlich aussehenden Mann angesprochen. Sie hatte
ihm erklärt, dass sie einen jungen Menschen in Ost-
Berlin kenne, der sich im Zen-Buddhismus vertiefen,
japanische Kalligraphie erlernen wollte. Der fremde
Herr lächelte Hedwig an. Versprach ihr, in der nächsten
Woche in den Ostteil Berlins zu kommen. Er sei der
Richtige dafür. Welch ein Glücksfall!

Unglaubliche Freude empfand ich. Schnell erzählte ich,
was ich eigentlich wollte. Aber das war gar nicht nötig,
denn Herr Mishimoto hatte verstanden. Zweimal in der
Woche am Nachmittag traf ich Herrn Mishimoto künftig. Hatte zu lernen. Deutsch-Japanisch. Kalligraphie.
Hedwig steuerte Pinsel, Tusche, Reibestein bei.

Wenn ich Zazen, Meditation im Sitzen, übte, wachte
Herr Mishimoto über meine Übung. Nach einem halben Jahr schenkte er mir einen seiner Kimonos.

Als meine Entdeckungsreise in den Buddhismus anfing,
sagte mein Vater: »Ick sagte dir mal, du kannst an fast
allet glooben. Jetze sag ick dir, du kannst an fast allet
glooben, aber jesprochen wird darüber besser mit jaar
keenem.«

Das war damals eigentlich schon zu spät. Die Stasi hatte mich bereits im Visier, ließ mich bespitzeln. Aber das
erfuhr ich erst zwanzig Jahre später aus meinen Stasi-
Akten.

Der ruhige Samstag

Damit ich komplett ab Freitagnachmittag bis Sonntagabend frei hatte, verlegte ich alle Erledigungen auf Donnerstag.

Am Wochenende sollten klassische Musik, Literatur, Kunst, Stille in meinem Heim sein. Discogänge, Verabredungen oder Kneipentouren lehnte ich für diese Tage ab. So manches Mal nahm ich den Zug am Freitagabend nach Prag, fuhr am Sonntagmorgen wieder zurück. Meistens aber trainierte ich Kung Fu oder meditierte, schrieb Erzählungen, hörte Klassik, saß mit meinem Leguan am Abend auf dem Flachdach, schaute dem Sonnenuntergang zu.

Oft war ich auch mit meinem Literaturdoktorfreund am Samstag für ein paar Stunden in den Berliner Antiquariaten unterwegs. Da wir die Verkäuferinnen kannten, durften wir auch in den hinteren Zimmern stöbern. Entgegen der Kulturzensur in der DDR entdeckten wir dort Werke, die offiziell nicht verkäuflich waren.

Eines Samstags kam ein Bekannter vorbei. Ich hatte gerade meine Meditationsübungen abgeschlossen, hörte Verdi, las Rimbaud.

Eigentlich hätte ich mich verstellen sollen, als ich das Klopfen an der Tür vernahm, denn ich wusste schon, wie seine Besuche verliefen. Ich wurde gestört mit unwichtigen Informationen, die mich nicht interessierten. Ob Karl-Heiz nun endlich ein Auto hatte, Marie schwanger war oder oder oder... Aber ich war höflich, öffnete die Tür.

Der Bekannte begann auch gleich zu erzählen. Er wollte mit seinem neuen Auto nach Leipzig fahren. Er bequatschte mich so lange, bis ich einwilligte, mitzukommen. Unten am Auto stellte ich fest, dass er noch einen Bekannten gefragt hatte, ihn ebenfalls zu begleiten. Dieser hatte sein kleines Kind dabei, weil seine Frau mal ausspannen wollte.

Als wir dann aus der Stadt fuhren, hatte ich ein beklemmendes Gefühl. Ich sehnte mich schon jetzt nach meiner Wochenendstille. Jetzt einfach aussteigen, wäre sehr unhöflich, dachte ich noch.

Der Tag wurde immer heißer. Die Hitze im Auto unerträglich. Das Kind begann zu schreien. Dann kamen wir in einen Stau. Offenbar musste der Verkehr auf der Strecke seit geraumer Weile gestört sein, denn viele hatten ihre Autos verlassen, hockten oder lagen im Gras neben der Autobahn. Keine Tankstelle in der Nähe. Das Kind musste gewickelt werden.

Nach zwei Stunden ging es endlich weiter. Ich sprach seit einiger Zeit kein Wort mehr. Innerlich verfluchte ich die Schnapsidee, nach Leipzig mitzufahren.

Als wir die Stadt endlich erreicht hatten, fragte ich freundlich, ob jemand den Weg zum Hauptbahnhof wisse. Beim ersten Halt, an einem Eisladen, schlug ich die Autotür zu, ging ohne Gruß in Richtung Bahnhof.

Da ich kein Geld hatte, überredete ich den Schaffner, mir eine Fahrkarte auszustellen. Das funktionierte, weil ich ja auch Eisenbahner war. Gewesen war. Er verlangte noch die Anschrift der Bahnmeisterei, dann saß ich im Zug nach Berlin.

Wie oft ich an diesem Tag noch den Kopf schüttelte über meine Nachgiebigkeit, nach Leipzig mitzufahren, blieb ungezählt.

Berlin - Budapest - Bukarest - Berlin

Plan A

Der Fluchtweg: Mit dem Zug nach Budapest fahren. Dann untertauchen. Am nächsten Tag Ticket buchen bei der ungarischen Fluggesellschaft Malev. Nur einmal wöchentlich flog eine Maschine die Route Budapest - Bukarest - Istanbul. Aber nicht für Menschen aus der DDR. Nach Istanbul konnten nur Bundesbürger weiterreisen. Deshalb musste im Flugzeug nach Bukarest der DDR-Pass gegen einen bundesdeutschen Pass ausgetauscht werden. Im Transit in Bukarest würde man sitzen bleiben, den neuen Pass vorzeigen, die Staatsbürgerschaft wechseln.

Alles war vorbereitet. Der Plan hatte schon mehrmals funktioniert. Die Reisegenehmigung sowie die Zugfahrkarte nach Ungarn waren besorgt. Von wem ich die gefälschten Pässe bekam, blieb mein Geheimnis.

Einige Tage vor dem Flug besuchte ich den Freund, mit dem ich abhauen wollte. Klärte Details. Verabredete Termine, falls wir erwischt oder getrennt werden sollten.

Alles schien perfekt zu sein.

Das Warten wurde unerträglich.

Am nächsten Abend kam unerwartet die Mutter meines Freundes zu mir. Sehr gefasst erzählte sie, dass er von der Stasi festgenommen war. Ich wollte es nicht glauben. Als sie ging, warnte sie eindringlich: »Flieh nicht mehr!«

Aber der Plan stand. Ich musste los. Wollte es allein durchziehen. Wenn ich annehmen konnte, dass der Freund ein paar Tage durchhielt, nichts verriet, müsste alles funktionieren. Noch konnte die Staatssicherheit keine Einzelheiten wissen. Noch ermittelte sie, dachte ich.

Nur, würde Bernd bei der Stasi wirklich schweigen können? Erniedrigung, Erpressung ertragen? Verhöre? Ausgeliefertsein? Wer würde das aushalten können?

So hoffte ich, zumindest noch einige Stunden Aufschub zu haben.

Verabschiedet hatte ich mich ja. Innerlich. Hatte meinen Kopf trainiert für die Flucht. Für die mögliche Verhaftung. Für die Einsamkeit. Für den Schmerz, alles zu verlieren. Die Freiheit.

Pünktlich rollte der Zug nach Budapest aus dem Ostbahnhof.

Die Spitzel hatten noch geschlafen. So schien es.

Den Flughafen hatte ich gemieden. In mein Gesicht stand eine harmlose Urlaubsfahrt geschrieben. Ich war zwanzig Jahre alt. Wer sollte mir was anhaben?

Die erste Grenzkontrolle. Tschechoslowakei. Die Beamten prüften die Ausweise. Verzogen keine Miene. Fragten ein bisschen. Machten Späße. »Ach, nach Budapest? Das Venedig des Ostens.« Wie man mich beneidete.

Meine Fahrt rief mir viele gute Erinnerungen ins Gedächtnis. Bis ich selbst glaubte, ich würde meine Rückfahrkarte wirklich benutzen.

Was hatte er mir schon getan? Dieser Staat, in dem ich nicht mehr sein wollte, aus dem ich versuchte, zu flüchten?

Im Stillen wusste ich jedoch genau, was dieses System angerichtet hatte, welchen Zwängen ich entkommen wollte.

Weiter ging es bis zur ungarischen Grenze.

Plötzlich stoppte der Zug. Was war geschehen?

Aus Sekunden wurden Minuten. Aus Minuten, Stunden.

War hier die Reise schon zu Ende? Hatten sie mich schon entdeckt? Hatte die Staatssicherheit schon ihren langen Arm bis ins Bruderland ausgestreckt?

Hunde wurden am Zug entlanggeführt. Personen durchsucht. Verhaftungen. Handschellen. Abgeführt ins Ungewisse. Filmszenen liefen durch meinen Kopf. Meine Entdeckung stand gewiss unmittelbar bevor.

Panik machte sich in mir breit.

Ich durfte mir nichts anmerken lassen. So glotzte ich wie viele andere ein bisschen blöde umher. Als mich ein Beamter ansprach, mir eine gute Fahrt wünschte, verlor ich fast das Bewusstsein.

Ach, du wunderbares Budapest. Der Bahnhof, ein Marktplatz.

Immer wenn ich in Budapest ankam, schloss ich die Augen. In Gedanken reiste ich in Jahrzehnte zurück. In

eine Zeit, da ich geboren sein wollte. Als die Weiter-
fahrt noch in jede Himmelsrichtung möglich war.

Ich durchwanderte den Bahnhof mit wartenden Fami-
lien, Obdachlosen, Banditen, Bettlern, Zuhältern, Polizisten.

Dann nahm ich den Bus bis an die Donau. Hier fand
ich einen stillen Ort. Um Atem zu holen. Um den Plan
nochmals durchzugehen, in meinem Inneren. Um mich
meiner selbst zu vergewissern. Noch hatten sie mich
nicht entdeckt.

Dieses Mal hatte ich kein Telegramm zu den Freunden
vorausgeschickt. Es gab keine Begrüßungstränen.

Ich musste die Zeit überbrücken bis zum Abend. Dachte an die sorglosen Zeiten mit den ungarischen Freunden. Alles war nun aber anders. Ich war auf der Flucht.
Wollte nicht auffallen.

Ohne Ziel durchstreifte ich die Stadt. Dann ging ich ins
Theater Sybill. Dort wusste ich eine Freundin. Sie war
Tänzerin. Meine Augen suchten sie auf der Bühne. Als
ich sie unter den anderen Darstellern erkannte, fiel mir
ein Stein von Herzen.

Kurz bevor die Vorstellung zu Ende war, verließ ich
das Theater. In einer kleinen Nebenstraße zwängte ich
mich in einen Hauseingang. Wartete bis sie kam. Sofort
ahnte sie, ich reiste mit anderen Absichten. Das war
kein Urlaub.

Immerzu dachte ich darüber nach, was die Staatssicherheit schon wissen konnte. Meinen Plan aufschieben,
durfte ich nicht. Keine Erinnerung an glückliche ver-

gangene Tage sollte mich ablenken. Zwischen den Umarmungen immer wieder zweifelnde, vorauseilende Gedanken. Was, wenn sie meinen Freund schon folterten? Wenn er der Stasi schon alles erzählt hatte? Wenn sie am Flughafen schon warteten?

Aber sie warteten nicht. Ich konnte die gewünschte Maschine buchen. Budapest - Bukarest - Istanbul. Der nächste Schritt für die Flucht war getan.

Die ungarischen Zollbeamten kontrollierten fast lässig. Wie das milder sozialistische Ungarn eben war. Oder sein konnte. Niemand beachtete mich.

Dann saß ich zwischen den wenigen Passagieren im Flugzeug. Hatte kein Gepäck. Nur ein Buch in der Hand. Versuchte, zu lesen. In den Gesichtern. Wollte erfahren, wer mit mir weiterflog nach Istanbul.

Fieberhaft überlegte ich, wann der richtige Zeitpunkt wäre, den Pass auszutauschen, der mich zum Bundesbürger machen sollte.

Als die Maschine schon eine Weile in der Luft war, begann eine Ahnung in mir aufzusteigen. Niemand der Anwesenden würde weiter fliegen. Keiner meiner Mitreisenden sah so aus, als würde er in einer Moschee beten oder den Koran lesen.

Die Freundlichkeit des Flugpersonals hatte mich eingelullt. Nun aber wurde ich mir immer sicherer, dass die Stasi auch einen Plan verfolgte. Vielleicht bereits herausgefunden hatte, was mein Vorhaben sein könnte. Gewiss hatte sie andere Flüchtlinge vor mir schon ausspioniert. Im Westen aufgesucht, befragt, erpresst. Hatte Reisewege rekonstruiert, veranlasst, dass keiner mehr aus der DDR mit der internationalen Fluglinie weiterreiste.

Oder war es Zufall, dass ausgerechnet heute keine Anschlussreisenden mitflogen? Wusste die Stasi von mir? Hatte der Freund schon meinen Namen genannt? Würde ich alles abstreiten können? Eigentlich gab es keine Beweise. Oder doch?

Die Gedanken hämmerten in meinem Kopf.

Der Aufruf zur Landung. Stewardessen kontrollierten die Gurte der Passagiere.

Als die Maschine landete, ausrollte, stoppte, alle Passagiere sich von den Sitzen erhoben, wollte sich mein Herz zusammenkrampfen. Kein Passagier blieb sitzen für den Weiterflug. Ich blieb allein auf meinem Platz. Unterdrückte jegliche Gefühlsregung.

Die Maschine leerte sich. Endstation. Sie flog nicht weiter.

Ich musste etwas tun. Nur was?

Für einen Moment war es ganz still geworden im Flugzeug.

Dann kamen die Putzfrauen. Miliz, das Gewehr geschultert, betrat das Flugzeug.

Meine Flucht war zu Ende. Ganz sicher. Vorerst. Ich musste weiter aufpassen. Auch auf die Tränen, die sich hinter meiner harmlosen Maske einen Weg suchen wollten.

Ich fühlte mich in der Falle. Konnte mir die Zusammenhänge nicht wirklich erklären. Versagt! Trommelte es in meinem Hirn.

Die erste Aufforderung der Miliz, jetzt auszusteigen, wollte ich einfach ignorieren.

Als die zweite Aufforderung kam, fühlte ich, dass sie mich holen würden.

Schnell steckte ich den westdeutschen Pass zwischen die Sitze vor mir. Ich fühlte, dass diese Entscheidung die richtige war. Aber damit war auch meine Chance zunichte, die DDR zu verlassen. Dann stieg ich aus, versuchte harmlos zu wirken.

Im Flughafengebäude. Ohne Rückflugticket. Wie unvorsichtig. Zu wenig Geld in der Tasche. Mit einem Buch unter dem Arm. Bei acht Grad Minus. Trotzdem tat ich so unbefangen wie möglich. Versuchte, mich unauffällig zu orientieren.

Den Rest meines Geldes, Ostmark, wollte hier keiner tauschen. Wie nun ein Ticket zurück nach Budapest lösen? Mich fror.

Zitternd sprach ich einen Flugkapitän an. Ein Ungar. Der erkannte meine Lage. Oder tat zumindest so. Er besorgte mir ein Ticket. Ich konnte es später zurückzahlen.

Hunger quälte mich. Die Kälte machte mich irre. Ich musste aushalten. Noch ein paar Stunden bis zum Abflug.

Die Miliz kam wieder. Verdammt. Passkontrolle. Visum.

Was der Grund meines Aufenthalts wäre, wollten sie wissen. Den durfte ich nicht sagen. Also log ich. Urlaub wollte ich machen. Sie glaubten mir. Scheinbar.

Ich fühlte mich sicher. Aber ich schämte mich. Unendlich. Nichts hatte ich erreicht. Diese lange Reise endete mit einem Rückflugticket. Der gefälschte Pass war verloren.

Was, wenn die Putzfrauen ihn im Flugzeug entdeckten?

Panik stieg immer wieder in mir auf bei diesem Gedanken.

Kurz vor dem Abflug kam die rumänische Geheimpolizei. Securitate.

Die wollten mehr wissen. Schleppten mich in einen Raum. Fesselten mich mit Handschellen an eine Heizung. Wollten Auskünfte. Aber was sollten die Rumänen schon wissen?

Als sie mich schlugen, dachte ich kurz, alles zu sagen. Sollte doch die Fahrt wenigstens mit einer Festnahme enden. Aber ich schwieg. Von diesen Leuten wollte ich nicht verhaftet werden.

Die Zeit drängte. Ich blinzelte immer wieder zur Uhr. Sie schlugen heftiger. Zwischendurch verlor ich das Bewusstsein.

Endlich schlossen sie mich von der Heizung. Da ich nicht laufen konnte, schleiften sie mich, setzten mich ins Flugzeug nach Budapest.

Noch benommen von den Schlägen, Blut im Mund, hörte ich endlich die Flugzeugmotoren.

Plan B

Wieder Budapest.

Ich fand Unterschlupf bei meiner Tänzerin. Sie umsorgte mich wann immer sie Zeit hatte. Nach einigen Tagen beruhigte ich mich. Langsam kamen auch die Gedanken wieder. Überschlugen sich. Gerieten durcheinander.

Nichts von dem, was ich erträumte hatte, erfüllte sich bisher. Die Flucht war misslungen.

Was hatte ich zu erwarten, wenn ich jetzt umkehrte?

Ich ersann Plan B.

Heimlich, um nicht aufgehalten zu werden, packte ich meine Sachen. Verließ die Wohnung der Freundin. Fuhr Richtung jugoslawische Grenze.

Wieder mimte ich den harmlosen Touristen. An den Balaton wollten viele. So war ich einer von vielen, die vom Urlaub träumten. Unbekümmert in der Sonne liegen. Eine lange Reise machen.

Wieder stiegen Erinnerungen an den letzten sorgenfreien Sommer bei Hedwig in mir auf. Der Gedanke, zurückzukehren ins traute Heim.

Zwei sonnige Tage, die dennoch nicht unbeschwert waren, gönnte ich mir am Balaton. Fast hätte ich mein Ziel vergessen. Oder war es nur Kraftlosigkeit?

Dann setzte ich meinen Weg fort. Zur jugoslawischen Grenze.

In einem Wald verirrte ich mich. Mein Kompass versagte. So irrte ich weiter. Durch den Wald. Durch die Nacht. Vielleicht lief ich nur im Kreis.

Kälte machte sich in mir breit. Fieber begann. Der nächste Tag brachte auch keinen Erfolg, mich der Grenze nicht näher.

Als die ersten Schüsse neben mir in den Bäumen einschlugen, rannte ich los. Grenzhelfer schossen in meine Richtung. Ich rannte wie verrückt geworden. Spürte die Streifschüsse nicht.

Wischte mir immer wieder die Augen, rotzte die Nase frei. Robbte auf einen Hügel. Ließ mich auf der anderen Seite runter rollen. Rannte weiter. Solange ich konnte.

Längst waren die Stimmen der Verfolger nicht mehr zu hören. Aus meinem Rennen war nun ein krummes Hinken geworden. Kopfschmerz pochte in den Schläfen. Ich redete mir zu: Mach weiter! Mach weiter! Es geht noch! Noch ein bisschen!

Dann brach ich zusammen.

Es dämmerte schon. Ich zerrte den Rucksack von den Schultern, den ich nicht mehr gespürt hatte. Stopfte das Vesperpaket in mich rein. Zerriss mein Unterhemd. Verband meine Wunden. Stierte gedankenlos vor mich hin. Raffte mich auf. Schaffte noch ein paar hundert Meter. Fiel um. Schlief.

Nach ein paar Stunden erwachte ich. Die Sonne war aufgegangen. Dumpfes Brennen in meinem Körper.

Mit dem restlichen Wasser reinigte ich mich so gut wie möglich. Sammelte meine Sachen zusammen. Stopfte sie in den Rucksack. Erahnte eine Straße in der Nähe. Motorengrummeln. Lief in diese Richtung.

Urlauber sahen einen Tramper in desolatem Zustand. Hatten keine Lust, zu halten. Winkten im Vorbeifahren. Endlich nahm mich ein Ungar mit. Brachte mich an eine Straße, die nach Budapest führte.

Als ich den steinernen Löwen auf der Kettenbrücke in Budapest zum Anfassen nahe war, hätte ich am liebsten geweint.

Auf dem Weg zu meiner schönen Tänzerin trank ich in einer heruntergekommenen Kneipe ein paar Schnäpse. Gegen die Schmerzen in meinem Körper. Für die verletzte Seele. Genau da passte ich hin.

Der Gedanke, zurückkehren zu müssen in die DDR war deprimierend. Vielleicht wartete dort schon die Staatssicherheit auf mich?

Ein befreundeter Arzt versorgte meine Wunden. Meine Tänzerin schimpfte über meine Verrücktheit, liebkoste mich.

Nach ein paar Tagen verabschiedeten wir uns am Westbahnhof in Budapest.

An einem Sonntag kam ich in Ost-Berlin an. Ruhig war es. Wie immer. Die S-Bahn brachte mich nach Hause. Meine Freundin war arbeiten. Die Staatssicherheit hatte nicht auf mich gewartet. Was sollte ich nun tun? Um diese Grenze zu überwinden? Um das Land zu verlassen?

Am Nachmittag hörte ich Verdi.

Am Abend kam meine Freundin nach Hause. Wir tranken Wein. Jedes Detail wollte sie hören. Sah mich immer wieder den Kopf schütteln, darüber, dass ich wieder zu Hause war.

Am nächsten Morgen machte ich mich auf den Weg ins Rathaus. Nun wollte ich keine Wohnung mehr beantragen, sondern einen Ausreiseantrag stellen. Dafür gab es keinen Termin. Die Mitarbeiterin wollte mich abwimmeln. Das kannte ich schon.

Sie wies mich an, auf dem Gang Platz zu nehmen.

Dann wurde ich wieder aufgerufen. Ein Mitarbeiter der Staatssicherheit unterhielt sich diesmal mit mir. Wollte mich überzeugen, dass all meine Gründe für eine Ausreise nicht ausreichten. Mahnte mich, wieder nach Hause zu gehen, mir gut zu überlegen, ob ich mein Ansinnen weiter verfolgen wolle.

An diesem Abend regnete es. Zu Hause aßen wir schweigsam Brote.

Würgten sie langsam runter. Wollten nicht sprechen.

Vom Nebenzimmer kam der Geruch der Liebe zu uns, durchnässte Laken malten die Bewegungen unserer Leiber. Vielleicht das allerletzte Mal. Wir verabschiedeten uns.

Elend fühlte ich mich. Als meine Liebste zur Arbeit gegangen war, wusste ich, was ich zu tun hatte: Allen Mut zusammenraffen.

Noch einmal ließ ich meinen Blick durch die Wohnung schweifen.

Vor der Abreise nach Budapest hatte ich nur Gedanken an die Flucht. Keine Sentimentalitäten sollten mich blockieren. Nun nahm ich noch einmal klarer wahr, was ich aufgab. Mit Liebe waren die Dinge in meiner Wohnung entstanden.

Nun würden die 3000 Bücher allein bleiben. Hedwigs Jugendstilmöbel konnten mich nicht begleiten. Die Nähmaschinen, die mein Gleisbauelend beendet hatten, würden unbenutzt sein. Die Klangschale, das Meditationskissen sog ich in mein Herz.

Meine Freunde würde ich auch im Herzen bewahren müssen.

Hedwig hoffte ich in West-Berlin wieder zu sehen. Das konnte dauern.

Aber all diese Gedanken konnten, sollten mich nicht aufhalten.

Mein Vorhaben war eine Provokation: In den Grenzübergang laufen. In der Hoffnung, sie würden nicht schießen, in der Weihnachtszeit, wenn viele Menschen die Grenze passierten.

Die Wahrscheinlichkeit, sofort in den Westen zu kommen, war gering. Gerüchte aber besagten, dass manche direkt abgeschoben wurden. Vom Grenzübergang aus.

Mit der S-Bahn fuhr ich zur Bornholmer Straße.

Grenzübergang Bornholmer Straße

Es nieselte an diesem Abend.

Ein paar Stunden hielt ich mich in der Nähe des Grenzübergangs auf. Beobachtete.

Mit einem Mal wusste ich, wenn ich jetzt nicht gehe, tue ich es nie.

Dunkelheit breitete sich aus.

Zuerst ordnete ich mich in die Fußgängerschlange ein. An der ersten Kontrolle kam ich ungefragt vorbei. Warum auch immer.

Mein Herz raste. Ich durchquerte ein Absperrgitter, stand zwischen wartenden Autos. Lief vorbei an Autofahrern, die ausgestiegen waren, einige Meter gen West-Berlin. Dann kam ich wieder an ein Absperrgitter. Vor mir stand ein Grenzbeamter.

»Zeigen Sie mal ihren Pass«, forderte er mich auf. Ich stöberte in meiner Jackentasche. Nutze den Moment des Wartens. Ein Griff aus dem Wing Tsun. Der Grenzer fiel vor mir nieder.

Ich rannte los. Hörte mich schnaufen. Wusste, dass ich noch nie ein guter Läufer war.

Aus dem Dunkel lösten sich zwei Figuren. Deutlich sah ich ihre Maschinenpistolen.

Dann knallte es.

Schlagartig blieb ich stehen. Riss die Arme hoch. Als die Grenzer auf mich zu kamen, stockte mir der Atem. Ein heftiger Stoß warf mich nach hinten. Ich verlor das Bewusstsein.

In einer Wasserlache liegend, die Hände auf dem Rücken gefesselt, erwachte ich. In einer Wellblechbude.

Die Tür öffnete sich. Ein dicker Uniformträger trat an mich heran. »Du stinkst ja wie 'ne Kuh aus'm Arsch«, sagte er. Sein Stiefel traf mich hart im Gesicht. Ich verlor erneut das Bewusstsein.

Später zerrte mich der Dicke mit einem anderen Uniformierten in ein Polizeiauto.

»Kieken wa mal, ob die Sau Tollwut hat, wa«, sagte der Dicke. Im Polizeikrankenhaus Prenzlauer Berg wurde eine Blutprobe entnommen. Die Schläge hatten mir arg zugesetzt. Ich konnte mich kaum aufrecht halten.

Der Dicke witzelte mit einer Krankenschwester. Der andere ließ mich nicht aus den Augen. Momente ohne Handschellen. Dann musste ich vor meinen beiden Bewachern herlaufen. Die Arme gefesselt vor dem Körper. In Richtung Ausgang.

Eine steil abfallende Treppe führte zu der schweren Ausgangstür. Die beiden Uniformierten warteten ab, wie ich wohl die Tür öffnen würde. Als ich endlich meinen Fuß in der Tür hatte, sie mit meinen Schultern weiter aufschieben wollte, trat mir der Dicke von einer höheren Stufe aus ins Kreuz. Mein Gesicht schlug auf die Eisenklinke. Ich taumelte ins Freie. Hielt mich am dort bereitstehenden Wagen fest.

Die Uniformierten wollten mich ins Auto drängen. Ich drehte mich um, schlug meinen Ellbogen an den Kopf des Dicken. Der taumelte. Fiel auf die Straße. Der andere wollte seine Pistole ziehen. Mein Fuß traf ihn unterm Kinn. Er wankte, blieb in einer Hecke liegen.

Immer noch lief mir Blut aus Mund, Nase. Ich nahm dem Uniformierten in der Hecke eine Packung Zigaretten aus der Brusttasche. Setzte mich aufs Auto. Rauchte. Stierte in die Nacht. Hatte keine Gedanken.

Der Uniformierte in der Hecke rappelte sich zuerst auf. Suchte seine Pistole. Fand sie. Kam auf mich zu. Griff mich am Arm. Führte mich langsam ins Auto. Minuten später stieg auch der Dicke dazu. Wir fuhren zum Polizeipräsidium in der Keibelstraße, neben dem Alexanderplatz.

Wortlos wurde ich den Polizisten übergeben. Doch plötzlich sprang der Dicke an mich heran, wischte mit der Faust über meinen Hinterkopf.

»Uff den hier müssta jut uffpassen«, raunte er den anderen zu. Ich blickte ihn noch einmal hasserfüllt an. Dann wurde ich in einen Raum geführt, musste mich entkleiden.

»Los, Ohrring raus!«, brüllte mich einer an. Der andere fummelte meine Schnürsenkel aus den Schuhen. Als ich ausgezogen war, schaute mir einer in den After.

»Anziehen!«

Mit gebundenen Händen, Füßen wurde ich zu einer Treppe geführt. Stieg in Zeitlupe die Stufen empor. In der dritten Etage nahm mich ein anderer Polizist in Empfang. Als ich durch ein weiteres Gitter geschleust, die Handschellen, Fußfesseln abgenommen waren, sagte der Polizist: »Jetzt kannst du ein bisschen Sterben spielen in der grünen Hölle.«

Ein Knüppel sauste in meine Knie. Ich brach zusammen. Auf Knien hörte ich ihn etwas sagen. Dann bekam ich einen Schlag auf den Hinterkopf. Zwei Polizisten zogen mich in eine Zelle. Die Riegel krachten an der Tür, der Schlüssel rasselte im Schloss. Durch einen Lautsprecher kam die Ansage: »An den Tisch setzen!«

Stundenlang saß ich an diesem Tisch. Schaute die Wände an. Ihre grüne Farbe bohrte sich in mein Hirn.

Ein jähes Geräusch ließ mich aufmerken. Das Licht erlosch. Der Lautsprecher ordnete an: »Hinlegen!«

Nach etwa zwanzig Minuten wurde meine Zelle geöffnet. Benommen wollte ich mich erheben, da trafen mich schon Schlagstöcke bis ich das Bewusstsein verlor.

Ich wühlte mich durch die Nacht. Manchmal erwachte ich im Dunkeln. Hustete. Spuckte Blut. Manchmal war die Zelle hell erleuchtet. Stunden wälzte ich mich umher. Schwitzte. Dann befahl der Lautsprecher: »An den Tisch setzen! Abwarten.«

Mühsam erhob ich mich. Hievte mich auf den Stuhl. Wartete. Die Luke in der Zellentür öffnete sich. Zwei leere Plastikbecher, Butterbrotpapier wurden herein gereicht. Das Papier war mit Fettresten beschmiert. Mit einem Knall schloss sich die Luke.

Ich verstand nicht. Was sollte ich tun mit dem Becher, dem Papier?

Durch den Lautsprecher kam die Ansage: »An den Tisch setzen. Frühstücken.«

Ich betrachtete den leeren Becher, das fettige Papier. Lief in der Zelle auf, ab. Noch einmal tönte der Lautsprecher: »Hinsetzen. Frühstücken.«

Als ich immer noch nachdachte, was die von mir wollen, ob die mich verarschen, wurde die Zellentür geöffnet. Vier Polizisten stürmten auf mich zu. Schlugen mit ihren Knüppeln wohin sie treffen konnten. Verschwanden.

Zusammengekauert setzte ich mich neben das Bett.

Wieder der Lautsprecher: »Setzen. Frühstücken.«

Ich setzte mich an den Tisch. Nahm einen Schluck aus dem leeren Becher. Öffnete das Butterbrotpapier. Kaute imaginäres Brot. Das Blut aus meiner Nase vermischte sich mit den Fettresten auf dem Papier.

Die Luke in der Tür öffnete sich. Ich gab den Becher aus der Öffnung. Legte das blutverschmierte Papier daneben. Beides wurde abgeräumt. Die Luke schloss sich.

Mittags bekam ich eine Schüssel durch die Luke. Diesmal tat ich so, als würde ich Suppe löffeln. Abends Brot, Tee. In der Nacht Schläge.

Nach drei Tagen wurde ich einem Offizier der Staatssicherheit vorgeführt. Er fragte mich, warum ich die DDR verlassen wollte. Wegen der geschwollenen Lippen konnte ich kaum reden.

»Sie müssen sich das überlegen«, sagte der Stasi-Mann. »Wir können auch anders.«

Ich stierte ihn an.

»Unterschreiben Sie hier. Unterschreiben Sie da. Dann können Sie gehen.«

Ich versuchte zu erkennen, was ich unterschreiben sollte. Als ich sah, dass es eine Erklärung war, in Zukunft keine Aktivitäten gegen den Staat zu unternehmen, unterschrieb ich. Ich lachte.

»Lachen Sie ruhig«, sagte der Vernehmer. »Ihre Unterschrift hat Ihnen gerade das Leben gerettet.« Da musste ich wieder lachen.

Der Vernehmer telefonierte nach den Polizisten. Die händigten mir meine persönlichen Sachen aus.

»Jeben'se mir meenen Ohrring wieder«, forderte ich einen der Uniformierten auf. Der drehte sich um, murmelte:»Moment, ick hol mal de Blombenzange.«

Mit einem Ruck drehte er sich um, schlug mir seine Faust ins Gesicht. Ich taumelte gegen ein Gitter, sackte zusammen. Die Polizisten halfen mir auf. Stützten mich unter den Armen. Wie hilfsbereit.

Dann führten sie mich zum Haupteingang. Die kleine Tür im Haupttor öffnete sich. Sie schoben mich auf die Straße. Die Tür schlug hinter mir zu. Eisiger Dezemberwind wehte. Langsam besann ich mich. Entfernte mich Schritt um Schritt von diesem Ort.

Friedlich war der Alexanderplatz an diesem Adventtag. Auch wenn ich keine Schnürsenkel in den Schuhen hatte, wollte ich eine Station laufen. Bis zum S-Bahnhof Jannowitzbrücke. Luft atmen. Frei sein.

Plötzlich stand ich vor grölenden, saufenden, fressenden Menschenmassen. Karusselle kreisten. Schlager drangen an mein Ohr. Der Weihnachtsmarkt!

Den Blick auf den Boden geheftet, schlürfte ich am Markt vorbei. Setzte mich in die S-Bahn Richtung Grünau. Glotzte aus dem Fenster. Ignorierte die Gaffer, die meine blutverschmierten Sachen neugierig beäugten.

In Adlershof taumelte ich die Dörpfelstraße runter. Bog in eine Querstraße. Schloss meine Wohnung auf. Endlich zu Hause.

Einen Augenblick dachte ich, das wäre alles ein Streich meiner Phantasie gewesen.

Die Festnahme

Die Arbeit in der Sattlerei hatte ich gekündigt. Wusste ja nicht, wie die Flucht verlaufen würde. Wollte den Betrieb nicht stören. Wollte nicht, dass die Stasi meine Arbeitskollegen belästigte.

Nun war die Flucht misslungen. Vorerst. Aber ich war frei. Nicht im Knast.

Frei, aber doch nicht frei. Ich fühlte mich elend.

Ein kurzer Ausflug zu Großmutter Hedwig brachte auch keine Klarheit. Ohne Worte nahm sie mich in den Arm. Meinte wohl damit, still zu sagen, du kannst immer zu mir kommen. Das wusste ich ja.

Wie großzügig, weise sie doch war.

Bei unserem Abschied konnten wir nur ahnen, dass wir uns für eine sehr lange Zeit nicht sehen würden. Tiefe Wehmut fühlte ich.

Der Zivilposten der Stasi, der seit meiner Entlassung aus dem Polizeigewahrsam in der Keibelstraße vor meinem Haus wachte, war nicht zu übersehen. Oder er sollte nicht übersehen werden. Die alte Frau gegenüber, die meist aus dem Fenster blickte, schien irgendwie nicht irritiert über das neue Straßenmobiliar.

Wenn ich etwas zu erledigen hatte, das Haus verließ, sprang ich von nun an im Hinterhof über eine Mauer. Genau so kam ich zurück.

Ich fuhr zu meiner alten Arbeitsstelle. Der Stasi-Mann folgte.

Alles war mir so vertraut. Beinahe wäre ich einfach an meinen alten Arbeitsplatz zurückgegangen. Hätte so getan, als wäre nichts geschehen. Aber ich wusste, dass ich keine Fragen ertragen hätte. Die missglückte Flucht saß mir in den Knochen.

Wieder zu Hause mit meiner Freundin tat ich so, als wäre alles in Ordnung. Als gehörte alles zum Plan.

Plan C sozusagen.

Aber ich war mit meinem Latein am Ende. Wie sollte ich jetzt noch versuchen, die DDR zu verlassen?

Ich ging zum Stasi-Posten vor meinem Haus. Provozierte ihn. Fragte nach seiner Waffe. Frotzelte weiter. Schubste ihn. Er wusste sicherlich, dass ich in Nahkampf ausgebildet war, ging jedenfalls nicht auf meine Sticheleien ein.

Wie ich ihn so weiter anpöbelte, darüber nachdachte, ihm seine Waffe wegzunehmen, für die nächste Flucht oder einfach, um ihn zu beschämen, hatte ich einen Augenblick nicht aufgepasst. Der Zivilposten drehte sich plötzlich weg, rannte einfach die Straße runter, verschwand.

Enttäuscht ging ich wieder nach oben.

Meine Freundin machte sich fertig, musste zur Arbeit. Im Gehen sagte sie noch: »Bitte lass dir nichts Neues einfallen, ja?«

»Ja, jut«, murmelte ich. Den ganzen Abend zerbrach ich mir trotzdem den Kopf, was nun zu tun wäre. Dann versuchte ich, zu schlafen.

Leises Klopfen durchbrach die Morgenstille.

Zu früh, dachte ich.

Das Klopfen kam wieder.

Vielleicht der Nachbar, der Kaffee, Brot oder Zucker leihen wollte? Meine Freundin hatte ja einen Schlüssel.

Schlaftrunken näherte ich mich der Wohnungstür. Öffnete einen Spalt, um zu sehen, wer da störte.

Die Tür knallte an meinem Kopf. Ich wurde zurückgeworfen.

Männer stürzten in meine Wohnung. Schlugen auf mich ein. Einer würgte von hinten mit seinem Unterarm an meiner Kehle. Ein anderer klickte Handschellen um meine Arme, um meine Beine. Ein Sack wurde über meinen Kopf gestülpt. Ein Tritt in die Knie zwang mich zu Boden.

Hände ergriffen mich an Armen, Beinen. Polternd schleiften sie mich am Boden entlang über die Holztreppen. Drei Stockwerke tiefer.

Eine kurze Pause.

Die Haustür wurde geöffnet. Ich spürte die Steinstufen vor dem Haus an meinem Körper, dann wurde ich in ein Auto geworfen. Jemand drückte meinen Kopf runter. Zwischen meine Knie. Meine Nase blutete. Tropfte den Sack voll. Das Auto auch.

Ich drohte, zu ersticken an meinem eigenen Blut.

Gefühlte Stunden dauerte die Fahrt. Ich knickte immer wieder weg. Drohte ohnmächtig zu werden. Dann hörte ich ein Schleusentor.

»Raus!«, schrie einer. Packte mich am Arm. Zerrte mich aus dem Wagen.

Der Sack wurde vom Kopf entfernt. Grelles Neonlicht biss sich in meine Augen. Ich schnappte nach Luft. Sah vor mir einen Kastenwagen. Darin befanden sich kleine Zellen mit Sitzen. In solch einen Verschlag wurde ich gesperrt.

In der Dunkelheit spürte ich das Beladen des Fahrzeuges mit anderen Gefangenen.

Wieder wurde gebrüllt: »Schnauze halten während der Fahrt!«

Das Öffnen eines schweren Tors war zu hören. Langsam fuhr das Fahrzeug los.

Gedämpfter Straßenlärm drang an mein Ohr. Manchmal auch Menschenstimmen. Der Zweitaktmotor heulte unzählige Male auf. Benzingestank drang in die Zellen.

Die Zeit wollte nicht vergehen.

Plötzlich stoppte der Wagen. Unheimliche Stille. Ein Tor schloss sich. Die Zellentür wurde geöffnet.

Der begleitende Wärter sprang vor mir aus dem Wagen. Zerrte mich mit sich.

Hohenschönhausen

Eingesperrt

Zwei Wärter zerrten mich aus dem Kastenwagen. Jemand nahm mir die Handschellen, die Fußschellen ab. Das Neonlicht an den Wänden brannte fürchterlich in meinen Augen. »Ruhig verhalten!«, schrie mich eine Stimme an. »Gehen Sie! Schneller, los schneller!«

Ich wurde einige Treppenstufen hochgestoßen. Durch ein Spalier von Wachleuten ging es einen Gang entlang. Gesichter konnte ich nicht erkennen. War irritiert. Gehetzt.

»Stehenbleiben!«

In einer käfigartigen Zelle musste ich mich ausziehen. Meine persönlichen Sachen aus den Taschen nehmen. Abliefern. Der Wärter ging. Nackt stand ich herum.

Meine ersten Gedanken waren Empörung: Wer maßt sich eigentlich an, dich hier einzusperren? Dich zu erniedrigen? Wer darf dir die Freiheit rauben? Wo hatten sie dich hingebracht? Glasbausteine. Uniformen. Das war keine normale Polizeistation. Waren das die Soldaten der Staatssicherheit?

Ich schrie in den Gang: »Ey, jibbs keenen Verantwortlichen hier?«

Ein Wärter kam in den offenen Käfig. Kommandierte. »Breitbeinig stehen! Bücken!« Er schaute in meinen After. Griff hinein. Nahm meinen Kopf. Durchwühlte meine Haare. Durchsuchte die Ohren. Was dachte er zu finden? Schmuggelware?

Wortlos ging er wieder. Wieder stand ich viele Minuten herum. Dann bekam ich die Haftkleidung gebracht. Ein zu großer blauer Trainingsanzug. Filzlatschen, die nicht passten.

Die Jackenärmel aufgekrempelt, die Hose mit einigen Knoten enger gemacht, schlurfte ich, halb vom Wärter gezogen, in die erste Zelle. Mit dem Schließgeräusch der Tür im Ohr begann ich unwillkürlich loszugehen. Sieben Schritte hin zum Fenster, sieben Schritte hin zur Tür. Am Bett vorbei. Am Tisch. Am Hocker. Wenn ich zur Tür lief, sah ich, dass jemand durch den Spion schaute. Mich beobachtete.

Stundenlang ging ich die wenigen Meter in der Zelle. Ich war nicht müde. Mein Gewissen hatte sich gemeldet. Die Ungewissheit wuchs. Pochte an meinen Schläfen. Nicht schuldig!, sagte ich mir immer wieder. Nicht schuldig!

Dann kam die Nacht durch Glasbausteine, fremdartig in diesen Raum. Wie eine Kulisse. Draußen die wahre Dunkelheit. Ohne mich.

Als das Licht über mir zur Nachtruhe ausgeschaltet wurde, legte ich mich auf die Pritsche. Starrte an die Decke. Stand wieder auf. Machte Übungen. Bis es an meiner Tür hämmerte.

»Legen Sie sich aufs Bett! Auf den Rücken. Arme über die Bettdecke. Handflächen nach oben. Keine Faxen mehr. Sonst holen wir Sie!«

So sollte ich schlafen? Konnte ich nicht.

Irgendwann überwältigte mich doch der Schlaf. Aber die Kontrollen durch die Wärter ließen mir keine Ruhe. Alle fünf Minuten schaute ein Auge durch den Spion. Dabei erhellte sich die kleine Lampe über der Tür. Leuchtete die Zelle aus. Lag ich nicht in der richtigen Position, schlug der Wärter mit dem Schlüsselbund gegen die Eisentür. Oder rasselte mit dem Riegel.

Jedes Mal fuhr mir der Schreck durch die Knochen. Ich sprang auf. Dachte, man holt mich. Ein barsches »Legen Sie sich richtig hin!« wies mich zurecht. Bis zum Morgen wiederholte sich diese Prozedur. Ich fühlte mich wie gerädert. Wollte schlafen.

Am Tag durfte ich nicht auf dem Bett liegen. Auch nicht auf dem Boden. So versuchte ich, im Sitzen am Tisch zu schlafen. Das Warten war unerträglich. Ich hoffte, dass es bald weitergehen würde. Die einzige Ablenkung waren die Mahlzeiten. Ich bekam reichlich Essen. Das hätte für zwei gelangt. Da ich in den ersten Tagen nicht wusste, ob oder wann ich wieder Essen bekam, aß ich mehr als sonst.

Die Hitze in der Zelle war unerträglich. Erleichterung kam nur in kleinen Brisen durch den schmalen Luftschacht über dem Fenster. Die kochen dich hier weich, dachte ich.

Die ersten Eindrücke waren überwältigend. Erniedrigend. Als ich wieder einigermaßen klar denken konnte, versuchte ich, mich zu erinnern. Wie ich in den Knast gekommen war. An mein Leben davor. An Menschen, mit denen ich mein Leben teilte. Der kahle Raum spann sich in mein Gemüt. Nicht schuldig!, schoss es immer wieder durch mein Hirn. Aber auch Traurigkeit machte sich in mir breit. Wurde immer wieder durchkreuzt von dem wütenden Fragen. Wer maßt sich an, mich wegzusperren? Wie lange würde ich hier schmoren? Allmählich wurde mir klar, dass Hedwig nun Weihnachten allein feiern musste.

Als sich zum Mittag die Luke in der Zellentür öffnete, weigerte ich mich, das Essen anzunehmen. Der Wärter ließ es auf der Klappe stehen. Wartete ab. Gereizt sagte ich: »Wann jeht'n dit weiter?« Ohne auf mich einzugehen, kam von der anderen Seite der Tür die Aufforderung: »Nehmen Sie!« Nach einer Weile vernahm ich durch die Luke: »Morgen kümmert sich jemand.«

Kümmert sich, dachte ich. Was soll das heißen? Wer kümmert sich? Ich nahm das Essen. Rührte aber kein Bissen an. Bei der Rückgabe des Tellers, eine halbe Stunde später, sagte der Wärter mit Blick auf das unberührte Essen: »Mache Meldung.«

So hölzern, so dumm erschien mir die Antwort, dass ich hinterher rief: »Na, mach mal!« Natürlich hoffte ich damit auch, einen anderen Wärter oder einen Vorgesetzten herbeizurufen.

Der Weihnachtsabend verging. Obwohl ich nie ein großer Fan von Familienfesten war, schmerzte mich dieser Heiligabend.

Am vierten Tag wurde ich dem Haftrichter vorgeführt. Der war bewacht von einem Gitter, das mich von ihm trennte. Der verlesene Haftbefehl erschien mir völlig absurd. Mein Wunsch nach einem anderen Leben, in eine freiere Welt zu gelangen, in abstrakter Rechtssprache: Ungesetzlicher Grenzübertritt. Ein Vergehen ohne jeglichen Bezug zu meiner Person. Meinem Anliegen. Dennoch bohrte sich ein Begriff in mein Hirn: Politisch kriminell. Meinten die mich? Ich hatte noch nicht mal einen Apfel gestohlen!

Der Erkennungsdienst tat seine Arbeit: Fingerabdrücke, Fotos.

Am nächsten Tag passierte wieder nichts. Die Schlafunterbrechungen quälten mich. Immer mehr. Kein Mensch konnte die ganze Nacht auf dem Rücken liegen. Die Hände in Position halten. So durchschlafen! Immer wieder hämmerte es an der Tür. Die Nacht hindurch.

Häufig rührte ich das Essen nicht mehr an. Dachte, die mästen mich.

Die Hitze machte mich mürbe.

Nach etwa einer Woche, mit dem Abendbrot durch die Luke geschoben, erhielt ich den Hinweis: »Morgen kümmert sich der Vernehmer um Sie.«

Der Vernehmer. Wer sollte das sein? Der Staat?

Den Abend, die Nacht hatte ich für meine Gedanken. Hatte die Staatssicherheit schon meine Liebsten befragt? Verhört? Wusste Hedwig, dass ich hier in einem Loch hockte? Futter bekam wie ein Mastschwein? Hatten sie die Nachbarn ausgefragt? Meine geschätzten Arbeitskollegen? Quälten sie meine Liebste ein paar Zellen weiter? Erzwangen sie Auskünfte? Wer konnte diesen Wahnsinn stoppen?

Der Vernehmer

Achter Tag in der Untersuchungshaft. Nach dem Frühstück öffnete sich die Zellentür. Der Wachmann erklärte, wie man sich in den Gängen, beim Bringen zum Vernehmer, verhält. Rote Striche am Boden markierten, wo man stehen bleiben sollte. Auf weitere Kommandos warten musste.

An den Wänden auf Kopfhöhe lief ein Klingeldraht entlang. Gespannte Leine, an der jederzeit vom Wachpersonal gezogen werden konnte. Zum Alarm auslösen. Hilfe holen. Wenn der Gefangene Ärger machte. Ordnungsgemäße Abläufe störte. Wärter angriff.

Aber wohin sollte man schon ausbrechen?

An der Decke eine Ampelanlage. Rotes Licht. Grünes Licht. Rote Lampen in den Gängen. Damit sich die Häftlinge nicht begegneten. Absolute Isolation.

Der Wärter brachte mich zum Verhör.

Vernehmerzimmer. An den Fenstern schmuddelige Übergardinen. Ich konnte nicht nach draußen sehen. Neonlicht. Streifentapete. Ein Portrait von Honecker an der Wand. Wenige Schränke. Der Vernehmer stand hinter seinem Schreibtisch mit Schreibmaschine, verschiedensten technischen Geräten. Schon der erste Blick in seine Augen verriet mir seine Abneigung. Er war etwa Mitte dreißig. Entschlossener Gesichtsausdruck. Kleine listige Augen. Er schaute nur kurz zu mir rüber. Mir fiel sofort sein zu kleiner Anzug auf. Das in die Hose gezwängte Hemd, die Wulst überm Gürtel, verriet den gesetzten Bürohengst.

Geschäftig nahm er ein paar Akten aus dem Schrank. Ordnete sie zu Stapeln. Sein Schnaufen ließ seine Raucherlunge ahnen.

»Sie sahen schon mal besser aus«, begrüßte er mich. Zeigte auf einen Hocker in der Ecke. »Hinsetzen!« Routiniert wies er an: »Die Hände unter die Schenkel. Handflächen nach unten. Sie wissen warum sie hier sind?«

Eine Antwort wartete er nicht wirklich ab. Hinter seinem Schreibtisch thronend erklärte er: »Normalerweise bekommen ja die Menschen hier zu Weihnachten Vergünstigungen. Aber Sie sind ja gerade erst gekommen. Sie waren gar nicht eingeplant, Herr Naue.« Dabei lächelte er. »Tja, nun habe ich keinen Schokoladenweihnachtsmann für Sie.«

Seine Ansage ließ mich kalt. Aber ich hätte dem Stasi-Mann für seinen Zynismus gern in die Visage gehauen. »Wollen Sie rauchen?«, fragte der weiter. Auch jetzt wartete er auf keine Antwort. Ging um den Schreibtisch herum. Hielt mir eine Packung unter die Nase. Wortlos fingerte ich eine Zigarette heraus. Woher wusste der, dass ich rauche? Ach ja, er hatte ja sicher den Inhalt meiner Klamotten gemeldet bekommen. Oder hatte er noch andere Quellen?

Feuer gab er mir persönlich. »Da ich nun so nett zu Ihnen bin, Sie rauchen lasse, erwarte ich Zusammenarbeit. Wir werden viel schreiben müssen.« Umständlich spannte er zwei weiße Blätter mit Durchschlag in die Schreibmaschine. »Sie wissen ja, warum wir Sie einsperren mussten.« Er tippte ein paar Eingangszeilen. Dann lehnte er sich weit zurück. Verschränkte die Arme hinter dem Kopf. Griente mich gönnerhaft an. »Na, nun beginnen Sie mal«, sagte er wohlwollend. Als wenn er alle Zeit der Welt hätte.

Aber, wo sollte ich nun beginnen? Alles purzelte durch meinen Kopf. Was wollte er wirklich wissen? Was meinte er? Wann was begann? Die Flucht? Aus der DDR? In meinem Kopf?

Er schwieg.

Wollte er wissen, wann ich anfing das System zu hinterfragen? Wollte er wissen, wann mein Vater mir von Oskar Brüsewitz erzählt hatte? Einem Pfarrer, der sich aus Protest verbrannt hatte. Wusste er von Budapest? Was sollte, konnte, durfte ich erzählen?

»Schreibense mal janz oben uffde Papiere«, fauchte ich ihn aus meiner Ecke an, »M.N. ist immer noch jewillt, dit Land zu verlassen.« Als könnte ich mich schützen, wenn ich meinen Namen nicht aussprach.

Dann sagte ich: »Schreib mal uff dein Protokoll, MN iss unschuldig. «

Der Vernehmer blickt erstaunt.

»Glauben Sie mir«, sagte er, »Sie verkennen gewaltig Ihre Lage. Also wenn Sie heute nichts sagen, dann mach ich erst mal Ferien. Bis Neujahr. Dann haben Sie Zeit, alles zu durchdenken.« Ich schaute ihn misstrauisch an. »Ein Rauchverbot muss ich Ihnen leider auch erteilen«, fügte er wie beiläufig hinzu. Griff zum Hörer seines Telefons. Ließ mich abholen.

Anscheinend hatte er wirklich Zeit. Ich kam zurück in meine Zelle. Das Rauchverbot hatte er nicht weitergegeben. Der Wärter brachte mir meine Zigaretten aus den Effekten. Silvester verging still. Isometrische Übungen, Yoga, Thai Chi verhinderten für Stunden das Nachdenken.

Immer wieder versuchte ich zu meditieren. Trotz der vielen leeren Zeit, war das in der Zelle eine schwere Übung. Die Wärter beobachteten mich durch den Spion in der Tür. Konnten mit den Übungen nichts anfangen. Brüllten durch die Tür: »Beenden Sie den Unsinn! Wir erstatten Meldung.«

Glaubensfragen

Pünktlich am Tag nach Neujahr ließ mich der Vernehmer zu sich bringen. Er legte ein paar Bücher auf den Tisch. Das waren meine! Ich ahnte, wusste nun, dass die Staatssicherheit in meiner Wohnung gewesen war.

»Nun hab ich das mal ein bisschen studiert«, eröffnete der Vernehmer das Gespräch. »Ihren Chan- oder Zen-Buddhismus. Leuchtet mir gar nicht ein. Wir haben doch hier den real existierenden Sozialismus.« Die Wärter hatten ihm von meinen Übungen berichtet. Er teilte mir mit, dass ich diese Faxen unterlassen sollte. Sport laut Hausordnung ohnehin nicht erlaubt sei.

Gerade wollte ich mich auf eine Diskussion einlassen. Legte mir Argumente zurecht. Der Chan existiert schon 2000 Jahre. Die DDR seit 1949. Aber ich biss mir auf die Lippen.

Der Vernehmer fuhr auch schon schulmeisterhaft fort: »Dann erklären Sie mir doch mal das Kung Fu. Was haben denn die verschiedenen Tiere mit den Bewegungsformen zu tun?«

Sein Interesse schien heuchlerisch. Was wollte er eigentlich? Verstehen? Das glaubte ich nicht. Ich wollte auch gar nichts erklären. Schon gar nicht hier. Schon gar nicht einem Stasi-Major.

Ich nannte ihm den Namen meines früheren Lehrers. »Frag da mal«, empfahl ich ihm, »wennde wat wissen willst darüber.«

Der Vernehmer war kreidebleich geworden. Versuchte, sein Erstaunen zu überspielen. Ließ mich sogleich abholen.

Hedwig oder die Schuldfrage

Am nächsten Tag hatte sich der Major eine neue Taktik überlegt: Dauerverhöre.

Wie zuvor ging die Befragung nach dem Frühstück los. Vom Zen-Buddhismus wechselte der Vernehmer zu meinen Fluchtgründen. Forschte mich aus nach meinen politischen Überzeugungen. Diesmal ließ er mich nicht zum Mittagessen auf die Zelle bringen. Behielt mich in seinem Zimmer. Neun Stunden.

Unruhig zappelte ich auf meinem Schemel rum. Er fragte nach meinen Familienangehörigen. Ich staunte, denn seine Recherchen über meine Familie schienen erbärmlich. Wusste er nicht, dass mein Vater zwölf Geschwister hatte? Oder waren die nicht von Interesse für die Ermittlungen? Das glaubte ich nicht. Es gab genug familiäre Kontakte ins feindliche Ausland. Was wusste der Vernehmer wirklich?

Ich erzählte von den anderen Geschwistern meines Vaters, ihren vielen Kindern. Aber über diese Onkel, Tanten, Cousins, Cousinen wollte er schließlich nicht mit mir sprechen. Namentlich verlangte er nur über einige gezielt Auskünfte. Meinen Onkel erwähnte er nicht. Fragte nach Familienmitgliedern, die ich gar nicht kennengelernt hatte.

Er hatte mich getäuscht. Offenbar wusste er lückenlos Bescheid. Darüber, wer bereits im Ausland lebte. Welcher Cousin im Gefängnis Brandenburg gesessen hatte. Aber all sein Rumgefrage ergab für mich keinen Sinn. Stocherte er noch oder wollte er die Nadel im Heuhaufen finden?

Mein stärker werdendes Gezappel ignorierte er weiterhin. Wendete sich dem anderen Teil der Familie zu. Fragte nach meiner Beziehung zur Großmutter. Zu Hedwig. Dann nahm er den Telefonhörer. Befahl: »Verhaften Sie die Hedwig Löper von dem Naue.«

Ein heftiger Schmerz begann sofort, in meinen Schläfen zu pochen. Hatte der Vernehmer tatsächlich angeordnet, meine Großmutter zu verhaften? Ich versuchte, mich zu beherrschen. Stierte wortlos vor mich hin. Unbändige Wut packte mich. Ich spürte großes Verlangen, über den Schreibtisch zu springen. Den Vernehmer für diese Sauerei zu bestrafen.

In diesem Moment wurde unerwartet die Tür aufgestoßen. Ein Wärter forderte mich zum Rückgang in meine

Zelle auf. Mit Wut in den Augen erhob ich mich. Der Major grinste nur blöde. Zuckte mit den Achseln. Sollte wohl heißen: Die Zeit ist vorüber.

Der Wärter führte mich zurück in die Zelle. Beinahe wäre ich vor Erschöpfung zusammengebrochen. Aufs Bett gefallen. Aber noch war keine Nachtruhe. Ich durfte nicht liegen. Kurze Zeit später bekam ich das Abendessen. Ich rührte keinen Bissen an. Immer tiefer bohrte sich der Gedanke in mich, welch Leid ich nun über meine Großmutter bringen würde. Weil ich nicht mehr in diesem Land leben wollte. Beinahe hätte ich vor Verzweiflung geweint. Ich hatte nicht geklaut. Niemanden umgebracht. Wollte nur raus aus diesem Land. Nicht unter Kommunisten leben.

Viele Erinnerungen an Hedwig purzelten durch meinen Kopf. Mir kam nicht in den Sinn, warum die Stasi nun meine Großmutter ins Visier nahm. Wofür sie sie verantwortlich machen wollten. Mit voller Kraft trat ich gegen die Zellentür. Dem herbeigeeilten, durchs Guckloch spähenden Wärter schrie ich entgegen: »Komm doch rin, du jemeenet Schwein!«

»Ruhe!«, rief der zurück.

Aber ich konnte mich nicht beruhigen. Bei dem Gedanken, dass ich nun meine Familie belastete, wurde mir schlecht. Unschuldig im Sinne der Anklage fühlte ich mich. Jedoch schuldig, weil mein Egoismus anderen Schmerzen bereitete.

Mein Schuldgefühl war manipuliert. Ich ärgerte mich. Wusste doch, ich war nicht schuldig. Nicht der Kriminelle, den der Staat aus mir machte. Wollte das am nächsten Tag klarstellen beim Vernehmer. Aber ein dumpfes Gefühl, ich sei doch schuldig, blieb in mir.

Nach einer Stunde ließ mich der Vernehmer wieder zu sich holen. Mein Kopf wurde immer schwerer. »Wie steht Ihre Großmutter eigentlich zu unserer Gesellschaft?«, fragte der Major. Ich starrte ihn an. Antwortete nicht.

»Hatte sich Frau Löper, geborene Barduni, auch den Nazis angeschlossen?«, ging es weiter. »Verehrte sie den Duce?«

»Wie viele ehemaljge Nazis beherbergt denn die SED?«, schoss ich zurück. »Bleib mal sachlich!«

Weitere sinnlose Fragen prasselten auf mich ein. Ich spürte nur noch Unwillen. Absolute Müdigkeit. Die Stunden vergingen. Fast willenlos taumelte ich schließlich in Begleitung des Wärters über die Gänge. Zurück in meiner Zelle fiel ich in die Hocke. Verweilte erschöpft am Boden. Mein Herz pochte laut.

Nach etwa 30 Minuten wurde die Tür wieder aufgeschlossen. »215, kommen Sie!« Ich folgte dem Wärter mechanisch.

Der Vernehmer tat entspannt »Nun konkretisieren Sie mal die Durchführung ihrer Flucht. Wie sind Sie nach Budapest, wie an die jugoslawische Grenze gekommen?« Er schob mir ein Blatt Papier, einen Stift rüber. »Na, schreiben Sie!«

Meine Hand zitterte. Kopfweh machte sich breit. Ich schrieb einige Fetzen meiner Reise auf. Unwillig. Müde. Verzweifelt. Knallte den Stift auf das Papier.

Der Vernehmer nahm das Blatt. Prüfte den Text. »Da fehlt ja einiges«, monierte er. »Unterschreiben Sie.«

Er nahm den Hörer ab. Befahl, mich abzuholen. In der Nacht fand ich keinen Schlaf. Fast jede Sekunde dachte ich zärtlich an Hedwig.

Mitwisser

Hauptsächlich drehten sich die Vernehmungen darum, wie die Flucht geplant war, wie ich sie angegangen hatte. Wo ich mich Staatsgrenzen genähert hatte. Wer mir dabei geholfen, wer wovon gewusst hatte. Ich stellte mich ahnungslos. Arglos. Was hatte ich schon getan? Was konnte mir die Stasi nachweisen? In meine Hoffnung, den Verdacht herunterspielen zu können, mischten sich immer mehr Zweifel. Was hatte die Stasi herausgefunden? Woraus konnte sie mir einen Strick drehen? Nur zögerlich gab ich Auskünfte zu den genauen Stationen, Umständen meines Vorhabens. Ich blieb dabei. Es war eine harmlose Reise.

An einem Morgen musste der Vernehmer unbedingt klären, wie ich von der jugoslawischen Grenze, im desolaten Zustand, fiebrig, wieder nach Budapest gelangt war. Die Version, dass ich allein unterwegs war, glaubte er nicht. Er hatte sich in den Kopf gesetzt, eine Organisation müsse mir geholfen haben. Ich beschrieb jedes Detail. Soweit ich mich erinnerte.

»Denken Sie nicht, dass wir nicht schon wussten, dass sie in Bukarest ankommen«, sagte der Major unerwartet. »Ihr Bekannter hat doch längst alles gestanden.

Aber es konnte ja keiner annehmen, dass sie so verrückt sind, es nochmal an der jugoslawischen Grenze zu probieren.«

Er dachte wohl, den ganz großen Clou gelandet zu haben. Selbstgefällig bot er mir Zigaretten an. Bohnenkaffee. Spielte an seinen Hosenträgern. Wippte lässig auf den Zehen. Klar, dass er meine Route kannte. Ich konnte nicht mal staunen. Was hatte der Freund ausgesagt? Hatte er die Pässe erwähnt? Eine Organisation? Ohne uns. Ohne mich. Es gab keine Beweise. Nicht dafür, dass ich einen besessen, nicht dafür, dass ich sie besorgt hatte.

Nicht mal die Geheimpolizei im Bruderstaat half da weiter.

»Wenn wir heute Nachmittag mit der Kaffeebohne fertig sind, dann reden wir auch noch mal über die ungarischen Grenzhelfer, die auf Sie geschossen haben. Sie müssten doch noch ziemlich frische Wunden haben?«

Also verfügte der Major doch über einige Informationen mehr als er vorgab. Aber er wusste eben nicht alles. Der Freund hatte mich vielleicht nicht belastet. Nicht verraten. Oder war es eine Finte? Kam da noch mehr?

Mit der Ungewissheit im Nacken ging ich zurück in die Zelle.

Am Nachmittag redete der Vernehmer zunächst über alles Mögliche. Jedoch nicht über die angekündigten Dinge. Ganz nebenbei sagte er plötzlich: »Ihre Schwester wusste doch von den Fluchtplänen!«

111

Ich antwortete nicht.

»Unterschreiben Sie das!«

Er hielt mir ein Protokoll hin. Ich unterschrieb nicht. Der Major nahm den Telefonhörer. Gereizt ordnete er an: »Holen Sie mal die Schwester von Naue. Eventuell hat sie noch immer Fluchtgedanken.«

Hat sie nicht!, hätte ich beinah geschrien. Er wollte mich provozieren. Also biss ich mir auf die Lippen. Ich wollte auf gar keinen Fall, dass an der Harmlosigkeit meiner Schwester Zweifel aufkamen. Nicht mal eine Ahnung eines mitgeteilten Gedanken zu Ausreise, Flucht, Westen wollte ich erkennen lassen.

Für meine verweigerte Unterschrift auf dem Protokoll erhielt ich Arrest.

Der Major ließ mich abholen.

Auf dem Weg aus der Tür rief er mir noch hinterher: »Wir müssen uns auch noch über die Negerin in ihrer Wohnung unterhalten!«

Ich konnte ihm nur einen empörten Blick zuwerfen. Die dunkelhäutige Frau zuhause war meine Liebste. Ich war in Sorge. Was hatte er nun wieder vor?

Fallstricke

Im nächsten Verhör behauptete der Major, dass meine Liebste, die »Negerin«, bereitwillig über alles Auskunft gegeben hätte. Den Fluchtweg. Über die gesamte Organisation. Schließlich wolle sie ja weiter als Krankenschwester arbeiten. »Wenn Sie sich nun ebenfalls etwas kooperationswilliger zeigen, könnten wir davon absehen, weitere Maßnahmen gegen Ihre Freundin zu ergreifen«, bot der Major großzügig an.

Ich registrierte, was er sagte. Wusste, dass er mich erpressen wollte. Dass er bluffte. Denn meine Liebste wusste nicht alles. Ich hatte ihr nicht von den Pässen, nicht von anderen Details erzählt. Aber wie sollte ich das noch auseinander halten? Mein Kopf schmerzte.

Erinnerungen vermischten sich mit bereits Gesagtem. Protokolliertes vermischte sich mit neuen Aussagen. Meine Gedanken verhedderten sich. Wo waren die Lücken? Was durfte ich noch sagen? Eine nervenaufreibende Jagd war im Gange. Ein Netz aus Worten, Auskünften, Informationen. Verfänglichen. Harmlosen. Alles Fallstricke, die sich immer dichter um mich zogen. Aus denen ich nicht mehr raus kam.

»Wir finden schon noch heraus, wie sie das angestellt haben«, sagte der Major.

Sie hatten schon etwas gefunden. Ich sollte es unterschreiben.

Allmählich erkannte ich, dass dieser Major, die Staatssicherheit, der Staat mich nie gehen lassen würden. Ohne mich zu bestrafen. Die kriminelle Handlung stand fest.

Es gab kein Zurück mehr. Das Ziel war nur noch, mich festzunageln. Mich zu zersetzen. Womit auch immer. Ich wusste, dass er mich eingefangen hatte. Dass seine Version meiner Geschichte über die Härte der Strafe entscheiden würde. Die Beweise womöglich schon ausreichten.

Es brannte mir auf der Zunge, nach meiner Liebsten zu fragen. Aber ich fragte nicht.

Rasur

Einmal in der Woche bekam man einen Rasierapparat in die Zelle gereicht, um sich den Bart zu schneiden. Der Wärter beobachtete diesen Vorgang durch den Türspion. Wenn er der Auffassung war, dass alles ordnungsgemäß verlief, entfernte er sich für einige Minuten.

Als ich eines Tages unbeobachtet blieb, setzte ich den Rasierapparat an der Stirn an. Begann, meine Haare zu scheren. Gläubige Buddhisten hatten ein Recht darauf. Davon war ich überzeugt. Beim nächsten Rundgang sah der Schließer wieder durch den Spion. Wenige Augenblicke später wurde die Zellentür hektisch aufgeschlossen. »215, raustreten!« Mit halb geschorener Glatze trat ich in den Gang. Mehrere Wärter nahmen mich in Empfang. Ließen mich nicht aus den Augen. Einer holte den Rasierapparat aus der Zelle. Musterte mich. Befahl, wieder einzurücken.

Zwanzig Minuten später saß ich vor meinem Vernehmer.

»Was fällt Ihnen denn ein?«, brüllte er ehrlich entsetzt. »Jetzt müssen wir die Verhöre unterbrechen, weil Sie gegen die Hausordnung verstoßen haben!« Ich murmelte: »Glaubensfreiheit wa.«

Mit einer genervten Geste ließ er mich wegbringen.

Merkwürdiger Weise führte mich der Wärter nicht zu meiner Zelle. Immer tiefer führten die Stufen. Wir kamen in einen Kellergang. Eine Zellentür wurde geöffnet. Der Wärter stieß mich hinein. Dunkelheit umgab mich. Tastend versuchte ich, den Raum zu erspüren. Ein Bett fehlte. Konnte keins finden. Die Wände ringsum waren aus einem harten Polster. Ich boxte mit der Faust dagegen. Sie gaben nicht nach.

Völlige Stille.

Nach Stunden wurde Essen durch die Klappe gereicht. Zwei Stunden später bekam ich wieder eine Ration. Wollten die mein Zeitgefühl testen? Lautlos wurde der Spion in der Tür betätigt. Für Sekunden ein dünnes Licht im Dunkel.

Wenn ich mich ablenken konnte, das Nachdenken einstellte, hatte ich ein paar Minuten Ruhe. Nicht weiter um die Ermittlungen kreisen. Um meine Liebsten sorgen. Meine Schwester wusste nichts. Käme sie zum Verhör, würde die Staatssicherheit wissen, dass sie nicht fluchtverdächtig war. Dass sie harmlos war.

War ich nicht auch harmlos? Nein, mittlerweile traute ich der Stasi alle Interpretationen zu. Ich war ein politisch Krimineller in ihren Augen. Ich war nicht harmlos.

115

Als ich müde wurde, schlief ich auf dem eiskalten Fußboden. Bis ich zitternd aufwachte. Dann versuchte ich, im Stehen, an die Gummiwand gelehnt, zu schlafen.

Nach geschätzten sechs Tagen kam ich aus der Gummizelle raus. Das Licht bohrte sich in meine Augen. Der Wärter musste mich einige Male anstoßen, damit ich die Richtung fand. Ich wurde auf meine Zelle gebracht.

Bevor die Zellentür geschlossen wurde, reichte mir ein Wärter den Rasierapparat. »Fertig machen!« Die Tür schloss sich. Zur Essenausgabe am Abend verlangte der Wärter zuerst den Rasierapparat zurück. Dann bekam ich Essen.

Endlich erloschen die Lampen. Nachtruhe.

Ohne-Macht

An einem Morgen führte der Vernehmer eine Art Religionsunterricht mit mir durch. Er schlug ein paar Bücher zum Zen-Buddhismus auf. Zitierte daraus. Etwas dazu sagen, brauchte ich mal wieder nicht. Sein Monolog zog sich ewig hin.

Der Major zerlegte sämtliche Kōans. Trat den Beweis für den real existierenden Sozialismus an. Sein Reden erschöpfte mich. Er fragte, ob ich denn wisse, dass Religionsfreiheit in der DDR garantiert sei. Ich nickte. Wollte gern erklärt bekommen, warum dann Zeugen Jehovas, Krishnas, Christen diskriminiert, verfolgt, bespitzelt würden. Aber ich stellte keine Frage. Murmelte nur leise einen Namen: »Oskar Brüsewitz.«

Der Major schaute mich durchdringend an: »Wer hat Ihnen davon erzählt?«

Brüsewitz war im Sommer 1976 vor die Zeitzer Michaeliskirche gefahren. Stellte zwei Plakate auf sein Autodach: *Funkspruch an alle: Die Kirche in der DDR klagt den Kommunismus an! Wegen Unterdrückung in Schulen an Kindern und Jugendlichen.*

Er übergoss sich mit Benzin. Zündete sich an. Er wollte ein Zeichen setzen.

Die Aktion war schnell beendet. Stasi-Mitarbeiter rissen die Plakate weg. Der schwer verletzte Brüsewitz kam ins Krankenhaus. Starb wenige Tage später an seinen Verbrennungen. Seine Familie durfte ihn nicht besuchen.

Am Abend in der Zelle war ich verzweifelt. Die Ohnmacht, das Ausgeliefertsein beschämten mich. Tägliche Verhöre, Schlaflosigkeit machten mich verrückt. Ich hatte keine Möglichkeit, neben mich zu treten. Zu sehen, was mit mir geschieht. Genau das wollten sie. Zersetzung.

Die tumbe Art des Vernehmers bestrafte mich zusätzlich. Wer war dieser Mensch, der sich rühmte, einen Doktortitel zu tragen? Der sich vor mir aufspielte. Über seine Diplomarbeit dozierte. Vorgebliches Thema: Wie man eine Familie zersetzt. Einzelheiten erklärte: Vom Überwachen der Familienmitglieder, dem Austausch von Medikamenten in der Apotheke, über Diffamierungen, gegenseitiges Aufhetzen, zu IM-Verpflichtungen.

Auch wenn es verboten war, hielt ich mir die Ohren zu.

Was war dieser Stasi-Vernehmer für ein Mensch? Ein Befehlsempfänger? Ein Täter? Gedrillt, Menschen zu brechen? An ihrem Leben zu rütteln? Er hatte keine Ahnung von Literatur. Von Hesse oder Kierkegaard. Von da Vinci, oder von Michelangelos Sonetten. Von einer feinstofflichen Seele.

Für mich stand fest: Er war ein armer Mann. Sicher brachte ihm seine Arbeit viele Privilegien. Menschen einzuschüchtern, zu erpressen, zu Geständnissen zu zwingen, war in meinen Augen unmenschlich. Es war unerträglich für mich, wie dieses dickliche, fangfragenbegeisterte, zynische Gegenüber in mein Leben eindrang.

Der Vernehmer war etwas in Zeitnot. Aber da ich nichts aufschreiben wollte oder sagen wollte, auch nicht antwortete, sagte er: »Wir haben ja Zeit.«

Das glaubte ich ihm diesmal nicht. Drei Monate waren schon vergangen seit meiner Verhaftung. Es gab gewiss noch mehr Staatsfeinde. Unvermittelt sagte ich: »Dit wär sehr interessant, zu sehen, wie du dich hier machen würden, an meener Stelle.«

»Was für eine absurde Vorstellung. Das glauben Sie ja selber nicht«, erwiderte der Major etwas überhastet.

In diesem Moment konnte ich nicht sagen, woher ich meine Ruhe nahm. Ich nickte dem Vernehmer zu. Sagte ihm: »Sei uff der Hut. Ooch die Besten jehn mal unter, wa.«

Er ließ mich abholen.

Wandmalerei

Am nächsten Tag teilte mir der Major mit, dass meine Großmutter abgeholt, verhaftet worden sei. In mir zerbrach etwas. Ich konnte nicht sagen was. Tiefe Abscheu erfüllte mich. Zorn. Wütender Kampfgeist.

Nachdem das Licht zur Nachtruhe ausgeschaltet worden war, begann ich, meine Stirn blutig zu kratzen. Am Bettgestell. Den nächsten Rundgang des Schließers erlauschte ich. Legte mich ordnungsgemäß ins Bett. Kratzte weiter. Die Stirn blutete immer mehr.

Ich wollte ein Zeichen setzen. Damit ich nicht wahnsinnig würde. Damit dieser Staat sehen konnte, seine Macht war nicht unendlich.

Mit meinem Kopf, mit meinem Blut malte ich einen Kreis an die Zellenwand. Ich malte ein Nichts an diese Wand. Viele Male hatte ich das schon getan. Mit einem Pinsel. Die Gedanken dabei auf das Nichts gerichtet. Als der Kreis fertig war, legte ich mich unter meine Decke. Schlafen konnte ich nicht.

Ein Zeichen setzen. Sehet, hier ist ein Mensch, den ihr nie brechen werdet! Unschuldig!

Ich wartete. War auf der Hut. Dann sah der Wärter bei der nächsten Kontrolle, das Zeichen an der Wand. Ein paar Minuten vernahm ich lautes Stimmengewirr vor der Tür. Das Türschloss ratterte. Die Riegel wurden zurückgeschlagen.

»215, raustreten!«

Als ich ins Licht trat, traf mich ein heftiger Schlag auf den Kopf.

Auf dem Boden liegend, erwachte ich in der Gummizelle. Selbstmitleid kam in mir auf. Sogleich warnte mich eine innere Stimme. In diesem Elendsloch hörte ich die eigene Lehrerstimme: Du musst in dir wohnen, ohne Reue.

Also raffte ich mich zusammen. Saß im Meditationssitz. Mein Kopf brannte höllisch. Die Rippen auch. Bei jedem Atemzug. Die Beruhigungsspritze ließ nur langsam nach.

Jede Sekunde war ich froh, dass mein Vater aussah wie Elvis Presley. Dass er auf der Gitarre Lieder von Johnny Cash gespielt hatte. Dass ich kein Duckmäuser werden musste. Mich nicht verstellen musste in diesem Staat. Nicht mitheulen. Nicht eine Sekunde lang heucheln. Nicht den Staat, nicht die sozialistische Idee für gut befinden.

Ich begann, einen Song von Johnny Cash zu pfeifen. Mir war elendig zumute, aber ich hörte nicht auf zu pfeifen bis ich erschöpft umfiel.

Das Urteil

Seit Tagen hatten keine Verhöre stattgefunden. Unruhig lief ich die Zelle ab.

Wusste die Staatssicherheit nun alles? Machten sie den Sack zu?

Irgendwie hatte ich mich doch an den Tagesablauf mit den Verhören gewöhnt. Die nun herrschende Stille, Ungewissheit marterte.

Manchmal trat ich gegen die Tür: »Jehts hier ooch mal weiter?« Ich bekam keine Antwort.

Das Gedankenkarussell kreiste. Wie geht es meiner Großmutter? Was hatten sie mit meiner Liebsten vor? Würden sie mich wirklich verurteilen?

Am nächsten Tag wurde ich in meiner Zivilkleidung, mit gefesselten Händen in den Transporter verfrachtet. »Heute haben Sie einen Sprecher. Besuchertermin«, informierte mich der Wärter vor dem Einsteigen.

Nach vier Monaten sollte ich also das erste Mal jemanden treffen dürfen, den ich kannte. Der Gedanke war unheimlich. Wer würde das sein? Die Mutter? Mein Vater?

Am liebsten hätte ich Hedwig gesehen. Aber die Umstände waren doch zu traurig, als dass ich ihr hätte gegenüberstehen wollen.

Vielleicht kam auch meine Liebste? Ich war misstrauisch. Wollte eigentlich gar nicht, dass man mich so sah.

Die Fahrt war relativ kurz. Als der Wagen gehalten hatte, zogen mich einige Wärter durch Gänge, die ich nicht kannte. Führten mich in einen Raum. Schlossen mir die Handschellen ab.

Der Major fläzte auf einem Sofa rum. Griente mich blöde an. Am Tisch saß meine Mutter.

Warum ausgerechnet sie?

Irgendwie ahnte ich schon, dass sie mir Vorwürfe machen würde, dass es endlose Diskussionen geben könnte.

Als der Major merkte, dass ich mich nicht zu ihr an den Tisch setzen wollte, zischte er barsch zu mir rüber: »Hinsetzen!« Etwas moderater fügte er hinzu: »Zwanzig Minuten Unterhaltung. Keine Berührungen.«

Als ich Platz genommen hatte, begann meine Mutter sofort zu plappern. Soviel Unwichtiges. Dann weinte sie auch noch. Dann kamen die Vorwürfe. Sie machte eine Pause.

»Denk mal an deine Großmutter.«

Die Zeit wollt nicht vergehen. Alles was ich zu hören bekam, war gespielte Fürsorglichkeit, selbstmitleidige Mutterliebe.

»Was willst du nur in all den fremden Ländern? Denk mal daran, dass du als Kind so oft krank warst.«

Ihre Worte rüttelten an mir. Machten mich wütend. Zerbrachen noch ein Stück meiner Bindung zur Familie. Zu ihr.

Kurz dachte ich darüber nach, ob meine Mutter gemeinsame Sache mit dem Staat machte? Mit der Staatssicherheit? Ob sie sich schützen wollte oder genau das sagen sollte, was sie da sagte?

Wie gemein.

Ich hörte mich sagen: »Jeh du mal in deinen Friseursalon. In de bunte Welt der Eitelkeiten. Mach een paar Schnepfen die Haare. Mich wirst de nie verstehn. Ick werd stundenlang, tagelang, wochenlang, monatelang an de Wände starren. Du jibst mir nur schwachsinnige Worte mit uff den Weg in den Knast. Wat soll ick damit anfangen?« Ich fühlte mich verraten.

Natürlich wusste ich, dass ich viel zu verlieren hatte.

Meine Freiheit. Mein Band zur Familie, das längst keines mehr war.

Ich war nicht krank als Kind. Manchmal. Normal. Einmal Meningitis. Was wusste sie denn von meinen Kränkungen, die selbstständige Friseurmeisterin ohne Zeit? Immer nur Mutter, wenn es Schwierigkeiten gab oder wenn sie den großen Jungen vorzuzeigen konnte: »Mein ganzer Stolz.«

Der Junge, der nun nicht mehr in diesem Staat leben wollte, bereitete ihr wiedermal Sorgen. Darum ging es ihr. Wie sollte sie das verstehen?

Verfolgung Andersdenkender. Gefängnisstrafen für Unschuldige. Meinungsfreiheit, Pressefreiheit, die nicht existierten. Reisen mit Beschränkungen. Freizügigkeit, die es nicht gab. Kulturzensur…

Ihre kleinen Privilegien, die sie als Handwerksmeisterin genoss, hatten sie blind gemacht für die vielen Zwänge im System.

Da stand sie, aufgetakelt, neben meinem Vernehmer. Was für ein trauriges Bild.

Im Beisein meiner Mutter sagte der Major schließlich noch mit gespielter Ironie: »Ein Wort der Reue über Ihre Tat… Sie können noch zurück. Arbeiten Sie mit uns!«

Wie zum Hohn, sah ich ein Lächeln auf seinen Lippen. Nein, ich wollte nicht für dieses Pack arbeiten.

So viel Menschenverachtung, Lüge, Betrug, Manipulation. Das konnte nur tiefe Verachtung in mir hervorrufen.

In Gedanken zerschnitt ich das Band zu meiner Mutter. Tat es in Zeitlupe. Denn ich würde ja Zeit haben. Nächtelang. Monatelang.

Abrupt stand ich auf. »Hiermit ist der Sprecher beendet«, erklärte ich. Der Major war erstaunt, führte meine Mutter aus dem Raum.

Einige Minuten später kamen Wärter. Brachten mich zum Kastenwagen. Schlossen mich in eine der kleinen Zellen ein. Fürsorglich hatten sie mir auch die Handschellen angelegt.

Nach langer Fahrt, als die Beine schon einzuschlafen drohten, schlossen sie mich aus dem Kastenwagen.

Zwei Stasi-Beamte in Zivilkleidung zerrten mich über ein Kohlenfeld bis zum Hintereingang eines großen Hauses. Dort in eine Sitzzelle eingepfercht, wartete ich eine halbe Ewigkeit. Es war dunkel. Stickig. Ich konnte kaum atmen. Das Warten wurde unerträglich.

Irgendwann holten sie mich doch. Eine Wendeltreppe wurde ich hochgeschoben.

Dann betrat ich den Gerichtsraum. Durch eine kleine Tür, die wie der Eingang zu einem Fluchtweg aussah.

Die Handschellen wurden gelöst. Ein Platz zugewiesen. Mir. Dem Angeklagten. Publikum gab es nicht. Hatte man weggelassen. Vielleicht zu einem anderen Tag bestellt.

Der Major. Sechs weitere Gesellen.

Der Oberstaatsanwalt stellte sich vor. Er hätte auch der Gebäudeheizer sein können. Ich war dann der Kaiser von China.

Gelangweilt schaute mein Vernehmer dem Staatsanwalt zu. Beobachtete mich.

Ich saß auf der Anklagebank. Hörte, warum wir zusammengekommen waren. Wortfetzen drangen zu mir. Ich versuchte immer wieder, in Gedanken zu verreisen. Den Worten des Staatsanwaltes zu entrinnen.

Dass ich ein gefährlicher Gegner des Staates sei, was ich durch die Hartnäckigkeit meiner Fluchtversuche bewiesen hätte. Dass der Staat zum Wohle des sozialistischen Gemeinwesens kein Mitleid mit mir zeigen könne.

Dann kamen Einschätzungen dazu, wie ich erzogen worden war. Dass ich keine Reue zeigte. Nicht einsichtig war, rechtswidrig gehandelt zu haben. Immer noch den Staat verlassen wollte. Ein politisch Krimineller.

Verurteilt zu zwei Jahren Haftstrafe.

Dann noch der Hinweis, dass ich mich noch äußern könnte…

Aber wozu? Dass ich 20 Jahre alt war? Einfach nur diesen Staat verlassen wollte? Das wussten sie ja.

Meine Knie versagten ihren Dienst. Ich musste mich stützen. Empörung stieg in mir hoch. Auch die Sprache wollte nicht funktionieren. Zuerst schrie ich nur in Gedanken.

Dann hörte ich meine Stimme: »Nazipack! Eenes Tages werdet ihr hier stehen!«

Sie hörten mich nicht.

Worte von Jacques Prévert kamen mir in den Sinn: *Die Menge hat den Mörder gefangen, hat den Lump gelyncht und dann ist ein jeder wieder seiner Wege gegangen.*

Dann ging alles so schnell, dass ich mich kaum erinnern kann. Wie an vieles andere auch nicht.

Sie banden meine Hände. Zerrten mich über die Hintertreppe wieder nach unten. Über das Kohlenfeld. In den Kastenwagen ohne Sicht. Fuhren mich zurück ins Gefängnis.

Eine Woche lang hörte ich nichts vom Vernehmer. Ich wurde in Ruhe gelassen, war nach der Verhandlung offenbar nicht mehr von Interesse. Machte nun wieder Thai Chi Übungen. Schattenboxen, wenn ich nicht durch den Türspion beobachtet wurde. Die Wärter ließen mich gewähren. Ich meditierte am Tage auf dem Bett. In der Nacht schlugen sie nicht mehr an die Tür. Insgeheim machte ich mir Sorgen, was nun mit mir passieren würde. Ich hatte die Hoffnung, mich vorbereiten zu können mit den Übungen. Ich wollte mit innerer Ruhe annehmen, was nun kommen würde.

Mein Vernehmer ließ mich noch einmal zu sich holen. Spendierte Zigaretten, Kaffee. Er plauderte ein bisschen von den Haftanstalten. Wollte mir wohl Angst machen. Sagte, dass ich Spitzeldienste tun, meine Strafe damit verkürzen könnte. Auch zum Wohle meiner Angehörigen.

Dann wünschte er mir eine gute Reise.

Am nächsten Morgen wurde ich abgeholt. Bekam meine Zivilsachen. Wurde mit Handschellen in den Barkas verfrachtet. Transport nach Rummelsburg.

RUMMELSBURG

Die Fahrt dauerte nicht lange. Das Gefängnis, zu Kaiserzeiten gebaut, war die Verteilerstelle. Von hier aus ging es weiter in den Strafvollzug.

In einer großen Halle wurde ich von einem Wärter aus dem Barkas gezerrt.

»Du bleibst hier stehen«, sagte er. Andere Gefangene kamen hinzu. Schweigen. Ich versuchte, die anderen Gefangenen einzuschätzen. Weswegen waren sie hier, wem konnte man trauen. Wer könnte gefährlich werden.

»Los jetzt«, kommandierte der Wärter, ging voran. Wir folgten ihm. Andere Wärter liefen hinter uns. Mehrere Gitter wurden geöffnet, wieder geschlossen. Durch einen Backsteinbau mit Zellen wurden wir geführt. Dann liefen wir über einen Platz, der sich zwischen zwei Häusern befand.

Für zwanzig Minuten ließen uns die Wärter allein. Der Platz war gesäumt von hohen Mauern mit Stacheldraht. Eisiger Aprilregen durchnässte unsere Kleider.

Später brachten sie uns in ein Gebäude, in dem wir an einer Ausgabestelle Decken bekamen. Die Handschellen wurden abgenommen. Ein Wärter brachte mich in eine Zelle.

Die Betten standen fünfstöckig übereinander gestapelt. Überall sah es schäbig aus. Die Farbe platzte von den Wänden. Ein funzeliges Licht durchdrang den Raum.

Als ich ein freies Bett gefunden hatte, zog ich mir die nassen Kleider aus. Hing sie über die Bettumrandung. Rieb mich mit einer der Filzdecken derbe ab. Umhüllte mich mit den anderen Decken. Rollte mich in Embryostellung auf dem Bett ein. Schloss die Augen. Schlafen konnte ich nicht. Hörte meine Zähne klappern. Einen Moment dachte ich, was soll nur aus dir werden? Wo haben sie dich hingebracht?

Am Morgen weckte mich eine Sirene. Ich schlüpfte in die klammen Kleider, versuchte, den anderen alles nachzumachen. Bett ordnen. Vor der Zelle Aufstellung nehmen.

In einem großen Raum gab es dann an der Ausgabe Brote mit undefinierbarem Belag, heißen Ersatzkaffee.

Nach dem Frühstück wurden wir wieder in die Zelle geschlossen. Erst jetzt konnte ich den Saal richtig ansehen. Durch die hohen Fenster flutete Licht. Vier Türme aus fünf Bettetagen nebeneinander im Abstand von sechzig Zentimetern. Einige Betten waren leer. Von einem der Türme sprang ich auf einen der hohen Schränke, die unter dem Fenster standen. Von dort konnte ich im Stehen auf den Hof sehen. Der Platz von gestern.

Langsam rieselte der Schnee auf den matschigen Boden. Plötzlich wurde eine Tür geöffnet. Ein Wärter trat auf den Hof. Dann kam ein Gefangener, dem die Handschellen abgenommen wurden. Der Wärter zündete sich eine Zigarette an. Machte eine Geste zum Gefangenen, die wohl heißen konnte, los beweg dich! Jedenfalls begann der Gefangene, den Hof im Kreis abzuschreiten. Manchmal kam er ganz dicht unter meinem Fenster vorbei. Der kalte Wind ließ seine Sachen flattern. Mit umschlungenen Armen hielt er sich die Wattejacke fest. Ein Hemd trug er nicht.

Als er schon das fünfte Mal vorbei gekommen war, erkannte ich plötzlich meinen alten Freund Stefan. Beinah wäre ich vom Schrank gefallen, solch ein Ruck ging durch meinen Körper.

Bei der nächsten Runde, die Stefan nah an meinem Fenster vorbeiführte, begann ich an die Scheibe zu klopfen. Er hörte mich nicht. Das Fenster ließ sich nicht öffnen.

Bei der nächsten Runde traten mir Tränen in die Augen. Was war nur geschehen? Der abgemagerte Körper, ohne Hemd, ohne Socken, sein leidender Gesichtsausdruck... Ich war entsetzt. Würde ich auch bald so aussehen?

Ein paar Tage später konnten die Gefangenen unserer Zelle auf den Hof zur Freistunde. Die Kälte bohrte sich durch die spärliche Kleidung. Dennoch waren alle froh, für kurze Zeit aus der Zelle zu kommen.

Am nächsten Tag wurde mir gesagt, dass ich nach Rostock komme, in die Schiffswerft. Rost kloppen. Keine Ahnung was das bedeuten sollte. Jedenfalls klang es nicht gerade erbaulich.

Der Amtsarzt war aber ein Tag später anderer Meinung. Er befingerte mein Hörgerät, schob es über den Tisch. Wartete bis ich es eingesetzt hatte.

»Sie kommen nicht nach Rostock«, sagte er zu mir. Er flüsterte einer nebenstehenden Person im weißen Kittel was ins Ohr. Später auf der Zelle war ich kein bisschen schlauer, was nun mit mir geschehen würde.

Die Tage schleppten sich dahin. Gefangene kamen, blieben einige Tage, dann wurden die Neulinge oder jene, die schon länger da waren abgeholt. Irgendwie merkte ich den Neuzugängen immer an, wer von ihnen ein Krimineller war oder wem sich hier eine neue Welt erschloss.

Nach zwei Wochen wurde ich in den Barkas gesteckt. Mit Handschellen, Fußfesseln. Transport.

Stefan sah ich nie wieder.

NAUMBURG

Einlieferung

Ich saß in einer der winzigen Zellen des getarnten Barkas. Mit Handfesseln. Ohne Verköstigung. Stundenlang war der Gefangenentransporter durch die DDR gefahren. Über die Betonplatten der Autobahn geschüttelt. Von der Untersuchungshaft zum Strafvollzug. Zum künftigen Zuhause. Für viele Monate.

Nachdem alle Gefangenen in eine Sammelzelle geführt worden waren, löste das Personal mir die Handfesseln. Ein großer kahler Raum. Ein Wärter reichte zwei Kannen Tee hinein. Dann hieß es warten.

Nach mehreren Stunden kam ein Wärter. Rief mich namentlich auf. Legte mir wieder Handfesseln an. Nahm mich mit. In die Effektenkammer. Eigene Klamotten abgeben. Haftbekleidung entgegen nehmen. Hose. Jacke mit Streifen auf dem Rücken. Klobige Arbeitsschuhe. Beim Umkleiden spürte ich eisige Kälte aus den dicken Gefängnismauern. Dann führte mich der Wärter in ein oberes Stockwerk auf eine sogenannte Nichtarbeiter-Zelle.

Abgenutzt sahen die Wände, der Fußboden aus. Es roch nach altem Essen. Nach Bohnerwachs. »Die ersten Tage verbringst du hier«, sagte der Wärter. Ich hatte keine Lust, ihn zu hören. Machte eine verständnislose Geste. Der Wärter war sichtlich genervt, als ich mit gespieltem Bedauern hinzufügte: »Ick kannse so schlecht verstehn. Brooch mal meen Hörjerät, wa. Dit liegt uff de Effekten.« Verdrießlich drehte er sich um. Verschwand. Fünf Minuten später reichte er mir mein Hörgerät. Wartete bis ich es eingestöpselt hatte. Fuhr dann fort, mir zu erklären, welche Regeln auf den Nichtarbeiter-Zellen galten.

Nichtarbeiterzelle

Neuzugänge verbrachten die ersten Tage auf den Nichtarbeiter-Zellen. Bis geklärt war, wer in welchem Produktionsbereich eingesetzt würde. Im Strafvollzug bestand Arbeitspflicht. Die Unterbringung richtete sich nach dem zugewiesenen Arbeitskommando. Offenbar eine Organisationserleichterung für das tägliche Ausrücken am Morgen, die Rückkehr zum Feierabend.

Die Nichtarbeiter-Zelle war mit etwa 30 Männern belegt. Tage des Rumlungerns. Kartenspielen. Dumme Witze. Gegenseitiges Beäugen der Neulinge. Woher? Nach welchem Paragraph verurteilt? Höhe der Haftstrafe? Spekulationen über bevorstehende Zeiten.

Tagsüber war die Tür der Zelle geöffnet. Man sah die anderen Gefangenen morgens zur Arbeit aufbrechen. Der Tagesrhythmus galt für alle: Ein Klingelzeichen zum Wecken. Halbe Stunde Morgentoilette. Waschen, Anziehen, Betten machen. Nochmal ein Klingeln. Die Zellen wurden aufgeschlossen. Alle Gefangenen nahmen im Gang vor der Zelle Aufstellung. Der Verwahrraumälteste zählte durch. Machte Meldung beim Wärter. Dann ging es zur ersten Mahlzeit des Tages. Brot, Marmelade, Sülze, Muckefuck.

Einigen Neulingen gefiel diese Zeit des Herumlungerns gut. Andere waren noch unter Schock. Aus der Untersuchungshaft. Konnten die Zeit nicht für sich nutzen. Betrauerten sich. Sprachen wenig. Ich machte erste Erkundungsgänge im Knast. Versuchte, mich zu orientieren, wollte auf anderen Zellen Leute treffen. Kontakte knüpfen.

Wenn abends das Vorklingeln ertönte, hatte man genau fünf Minuten, um wieder zurück zur eigenen Zelle zu kommen. Dort nahmen die Gefangenen Aufstellung zum Durchzählen. Bestandsaufnahme vor dem Einschluss, dem Verwahren für die Nacht.

Die Nichtarbeiter-Zellen befanden sich auf dem Gang zum Speisesaal. Wenn ich vor der Zelle herumstand, sah ich die Arbeitskommandos in den Speisesaal marschieren. Dann wurde es voll. Auch laut. Manchmal aggressiv. Einige Male scherte einer der älteren Gefangenen aus, motzte einen Nichtarbeiter an, schlug ihm ins Gesicht: »Was glotzt'n so?«

Inmitten eines Kommandos vorbeilaufender Gefangener sah ich plötzlich ein bekanntes Gesicht. War das Kai, ein Freund aus dem Kiez, aus der Schulzeit? Zuerst konnte ich es gar nicht glauben. War skeptisch. Langsam stieg ein Gefühl der Freude in mir auf. Aber wie sollte ich ihn ansprechen? War er es wirklich? Wenn ich mich nun irrte?

Als der Trupp vorbei war, rief ich laut seinen Namen durch den Gang. Er reagierte nicht. Ein paar Gefangene schauten mich feindselig an. Ich wollte dennoch keine Gelegenheit verpassen, einen ersten Verbündeten zu finden.

Ich setzte gerade wieder an, nochmal zu rufen, da löste sich Kai aus der Truppe. Er näherte sich mir in Zeitlupentempo. Ein langer Moment der Unsicherheit. War er es? Ja, es war Kai! Er sah elendig aus. Mager. Grau. Wir nahmen uns in die Arme. Ich spürte seinen papiernen Körper. Hoffte, dass er mir meinen Schreck über sein Aussehen nicht ansah. Wir wechselten kaum zwei Worte. Dann eilte er in den Speisesaal.

Knasthierarchie

In Naumburg war alles anders: Im Gegensatz zur U-Haft bei der Stasi waren hier die wirklichen Straftäter. Kriminelle. Schläger. Mörder. Kinderschänder. Diebe. Vergewaltiger. Es gab eigene, brutale Regeln. Wärter wie Kriminelle hatten für politische Gefangene meist nur Verachtung übrig. Besonders den Ausreisern, Republikflüchtlingen mit der Aussicht, in den Westen zu kommen, freigekauft zu werden, brachten sie viel Hass entgegen.

Ich fragte mich manchmal, ob ich ihre Knastregeln übernehmen würde.

Auseinandersetzungen waren an der Tagesordnung. Die Wärter waren nicht überall. Oder schauten weg. Nach Arbeitsende waren die Zellentüren aufgeschlossen. Man konnte sich bis zum Einschluss frei bewegen. Auf den Gängen sah man dann kaum Wachpersonal. Auch im

Speisesaal ließ man die Gefangenen länger ohne Aufsicht.

Die kriminellen Gefangenen machten oftmals Jagd auf die politischen. Wer sich nicht körperlich durchsetzen konnte, war den Launen seiner Mitgefangenen ausgesetzt. Viele Männer wurden erniedrigt, gequält, zu Dienern degradiert: »Du machst mein Bett. Du holst mein Essen. Du putzt meine Schuhe.« Wenn das nicht klappte, gab es was auf die Fresse. Gelegentlich gab es sexuelle Übergriffe, Vergewaltigungen. Wer sich nicht wehrte, lief Gefahr, immer wieder zu erzwungenen Liebesdiensten herangezogen zu werden.

Das alles lernte man natürlich nicht an einem Tag. Es dauerte eine Weile, bis sich einem die internen, erbarmungslosen Gesetze des Zusammenlebens erschlossen. Auf der Nichtarbeiterzelle war man noch wie in einem geschützten Raum. Sobald die Einteilung auf die Kommandos stattgefunden hatte, begann die unausweichliche Realität.

Bereits in den ersten Tagen testeten die kriminellen Gefangenen die Grenzen der körperlichen, seelischen Verfassung des Neuankömmlings. So wurde schnell herausgefunden, wie viel Schikane jemand ertrug, wann er sich auflehnte, wie nützlich oder gefährlich er sein konnte. In der Enge der erzwungenen Gemeinschaft konnte man sich vielen Situationen, Zumutungen, Mitgefangenen nicht entziehen. Das Gefühl, ausgeliefert zu sein, war eine schmerzhafte, oftmals traumatisierende Erfahrung.

Zum Glück hatte ich durch einen Cousin, der wegen einer Rangelei mit einem Volkspolizisten im Knast gewesen war, schon einiges über die Gewalt zwischen den Gefangenen gehört. Ich war wild entschlossen, nicht unterzugehen, mir meine Würde zu bewahren.

Aus seinen Erzählungen hatte ich gelernt, dass man gegen Angriffe möglichst sofort hart zurückzuschlagen musste. Man musste sich körperlich beweisen. Sonst konnte man abgestempelt werden als Quatscher oder als Pupe, jemand der alles mit sich machen lässt. Nur wer sich allein behaupten konnte, war von den Kriminellen akzeptiert. Wurde seltener zur Zielscheibe von Demütigungen, Quälereien.

Man musste ständig auf der Hut sein. Zusehen, dass man Verbündete fand, Allianzen bildete. In der Regel taten sich zwei befreundete Gefangene zusammen, um sich gegenseitig zu unterstützten. Als sogenannte Spanner teilte man Freud, Leid, Feinde, Knastware miteinander. Manchmal fanden sich mehrere Gefangene zu Cliquen zusammen. Setzten ihre Interessen gemeinsam gegenüber anderen Gefangenen durch.

Der Brigadier

Am nächsten Tag wurde ich einem Arbeitskommando zugeteilt. Plaste I. Verarbeitung, Verpackung von kleinteiliger Plastikware wie Kämme, Haarreifen, Dominosteine.

Eine spezielle Truppe wie sich herausstellte: Körperbehinderte, Epileptiker, Irre. Hörgeschädigte – das war ich. Ein Krankenkommando. Trotzdem galt auch hier Normerfüllung. Für zu langsames Arbeiten gab es Sanktionen.

Die Aufsicht im Kommando führte ein Brigadier. Meist ein krimineller Gefangener. Er überwachte die Arbeitsprozesse, meldete Ergebnisse, leitete Verstöße nach oben weiter. Regeln wie eigene Interessen setzte er auf oft brutalste Weise durch.

Mein Arbeitsplatz befand sich in einer Baracke unweit des Zellentraktes. Als ich dort ankam, waren die Gefangenen schon am Arbeiten. Ich erhielt eine knappe Einführung. Schon ging es los: Kämme in Papierstreifen einrollen. Banderole drum. Verkleben. In einer Kiste verstauen. Dann die nächsten Kämme. Immer wieder. Bis die Kiste gefüllt war. Dann die nächste Kiste. Vier Kisten sollten zu schaffen sein.

Als ich langsam Geschicklichkeit bekam, schaute ich mich um, sah mal nach den Anderen. Vielleicht kannte ich ja einen?

Plötzlich stand jemand neben mir. Ein massiger, kräftiger Körper. Tätowierungen. Narben. Die stammten, wie ich später erfuhr, von alten Tattoos, die mit dem Winkelschleifer entfernt worden waren. Der Typ öffnete seine Hose. Grunzte, ich sei seine Auserwählte. Sollte mich beeilen. Ihm den Schwanz lutschen.

»Wahres Geschenk für die künftige Braut«, stieß er geifernd hervor.

Für einen Augenblicke dachte ich, einfach weglaufen zu können. Glaubte, dass es eine Verwechslung ist. Doch seine Stimme bohrte sich in meinen Kopf. Als ich versuchte, dem Klotz in die Augen zu sehen, erschrak ich. Ein Glasauge stierte mich an. Das andere Auge irrte schielend durch den Raum. Sah er mich? Ich war entsetzt.

Die erneute Aufforderung seine Braut zu sein, öffnete meine Poren. Angst fuhr mir in die Glieder. Noch suchte ich Worte. Wollte mich erheben. Klarstellen, dass ich nicht derjenige sei, den er meine. Doch meine Knie versagten. Meine Lippen konnten kein Wort formen. Also blickte ich panisch umher. Dachte, es müsse Hilfe kommen. Sah die Anderen. Zurückgelehnt. Abwartend.

Fauchend spuckte er mir wieder seine Forderung ins Gesicht. Klapste mir mit der Faust gegen den Hinterkopf. Wartete. Tat es wieder.

Meine Schläfen begannen zu pochen. Erinnerungen an ähnliche Hiebe aus meiner Kindheit wurden wach. Es gab kein Entrinnen. Immer wieder versetzte er mir diese Schläge. Die Gedanken an früher machten mich wütend.

Als der Klotz seine Demütigung wiederholen wollte, vergaß ich mein Selbst. Ich trat ihm gegen die Kniescheibe. Mit einem Sprung war ich mit ihm auf Augenhöhe. Schlug ihm meinen Ellbogen ins Gesicht. Verdrehte seine Hand, die an meinem Ohr riss. Brachte ihn aus dem Gleichgewicht. Wir stürzten um. Ich schlug seinen Kopf immer wieder auf den Boden bis seine würgende Hand von mir abließ.

Langsam rappelte ich mich auf. Zitternd ging ich zu meinem Platz. Das Haupttor wurde aufgeschlossen. Wärter brachten eine Bahre. Schleppten den schlaffen Körper weg. Andere Wärter kamen. Verteilten die übliche Ration Brote, Marmelade, Tee. Die Frühstückspause begann.

Da stand ein junger Mann vor mir. Leicht geschminkt. Fragte mich, ob ich Tee möchte, einen Apfel? Ich schüttelte den Kopf. Griff aus seiner Hemdtasche eine Schachtel Zigaretten. Zündete mir eine an.

»Das reicht erst mal«, sagte ich. Musterte ihn.

Welch seltsame Person war das denn? Mehrere Minuten glotzte ich nur vor mich hin. Spürte meine zitternden Finger. Hörte meinen heftigen Herzschlag. Sog jeden Zug an der Zigarette tief in mich.

Der Mädchenhafte plapperte in schnellen, mir zunächst kaum verständlichen Worten etwas von längst fälliger Abreibung. Der Brigadier wäre nun für eine Weile außer Gefecht gesetzt. So langsam dämmerte mir, was in den letzten Minuten eigentlich passiert war. Mit wem ich es zu tun bekommen hatte. Dieser ekelhafte Typ hatte also eine Funktion auf dem Kommando inne!

In den nächsten Wochen sah man ihn allerdings nicht mehr. Nach der Pause kamen andere Gefangene an meinen Tisch. Klopften mir auf die Schulter.

Der Pirat

Dann näherte sich ein anderer Gefangener. Muskulös. Leicht gebeugt. Zugleich geschmeidig wie eine Katze. Eine Hand steckte zwischen der Knopfleiste seiner Jacke. Ich spürte sofort seine besondere Aura. Er sagte kein Wort. Schaute nicht zu mir. Trotzdem fühlte ich mich äußerst genau beobachtet. Eine Augenklappe verdeckte eines seiner Augen. Das andere war nur halb geöffnet. Ihm schien dennoch nichts zu entgehen.

»Du kommst nachher mal in meinen Raum da vorne«, sagte er unvermittelt. Wies mit dem Kopf in Richtung des Aufenthaltsraums des Brigadiers. Am Ende der Baracke, neben dem Raum des Zivilmeisters. Ich verstand. Nickte stumm.

In den nächsten Stunden behielt ich die Tür des bezeichneten Raumes stets im Blick. Irgendwann schob sich eine Hand aus der Türöffnung. Winkte mir. Was soll jetzt noch passieren, dachte ich. Als ich den Raum betrat, saß der rätselhafte Mann mit der Augenklappe am Schreibtisch. Unnahbar. Er schmiss mir eine Schachtel Zigaretten zu. Murmelte: »Kannste behalten.«

Er deutete an, mich zu setzen. »Erzähl mal deine Geschichte. Von Geburt an. Warum hier, wo kämpfen gelernt, alles andere auch. Denk nicht, du könntest mich anlügen. Ich kenn hier jeden. Schließer. Offiziere. Gefangene. Die werden alle von mir geschmiert.« Ein Lächeln zuckte in seinem Mundwinkel.

Er war der heimliche Chef des Kommandos. Ein Krimineller. Einer der einflussreichsten Männer im Gefängnis. Ich nannte ihn den Piraten.

Selbstverständlich machte er sich das Dienstzimmer des Brigadiers zunutze. Residierte hier während der Arbeitszeit. Bestimmte über die Geschicke von kriminellen wie politischen Gefangenen innerhalb der Haftanstalt. Organisierte vor allem den Handel mit illegaler Knastware. Aber sein Geschäftsbereich erstreckte sich auch außerhalb der Gefängnismauern. Er besorgte Fernsehapparate für die Schließer. Kaufte Grundstücke. Ließ sogar Hühnerställe für einen Offizier bauen. Dennoch wurde er von den Wärtern offiziell nicht bevorzugt.

Ich rauchte schon die fünfte Zigarette. Erzählte aus meinem Leben. Vom Buddhismus. Warum ich in Naumburg war. Schweigend hörte der Pirat zu. So manches Mal zuckte das Lid über seinem gesunden Auge gefährlich. Er nahm Maß. Prüfte mich.

Am Nachmittag bekam ich meine Zelle zugewiesen. Es war der Raum, in dem auch der Pirat schlief. Ein Großteil der Mitglieder meines Arbeitskommandos war dort untergebracht. Mehr als 20 Männer in einem Raum.

Als ich mit meinen Habseligkeiten ankam, stand der Pirat bereits auf dem Gang. Winkte mir. Er hatte mit den Wärtern ausgehandelt, dass ich auf seine Zelle verlegt würde. Es gab kein Zurück. Mit flauem Magen trat ich durch die Tür.

In der Zelle saß ein Gefangener, der mir beim Betreten des Raumes einen nassen Wischlappen mit dem Fuß direkt ins Gesicht schleuderte. Hatte so was geahnt. Mein Cousin hatte davon erzählt.

Ich wich aus. Machte einen Schritt auf den Gefangenen zu. Der Typ auf dem Stuhl erhob sich. Wollte sich sofort auf mich werfen. Mit einem Tritt in die Magengrube katapultierte ich ihn zurück. Er kippte samt Stuhl zu Boden.

Mein Bett stand etwa 80 Zentimeter von dem des Piraten entfernt. Schlafen konnte ich vor Aufregung nicht. Am Abend, nach dem Einschluss, gesellten sich ein paar Gefangene zum Piraten. Sie spielten Karten. Ließen mich dabei keine Sekunde ohne Aufsicht.

Ich machte Thai Chi. Atmete mich in das Nichts. Als die Lichter zur Nachtruhe erloschen, starrte ich auf die Silhouette des Piraten. Ich traute ihm nicht. Falls er sich auf mich stürzen würde, wollte ich wach sein. Reagieren. Wenn das noch möglich war.

Jeden Morgen lagen, wie von Wunderhand, zwei Packungen Zigaretten in meinem Schrank. Ich wusste noch nicht, dass ich in die Versorgungskette des Piraten aufgenommen war. Fragte nicht nach. Saugte das Geschehen um mich aufmerksam, kommentarlos auf.

Nach einigen Tagen ließ mir der Pirat die erste menschliche Geste angedeihen: »Spielst du Karten?« Ich setzte mich zu seiner Clique. Der Pirat legte sich auf sein Bett. Beobachtete mich stumm.

Der Mädchenhafte kam hinzu. Er war der persönliche Diener des Piraten. Auch der Bläser vom Dienst für das gesamte Kommando. So bessere er seinen Verdienst auf, erzählte er mir später. Für seine Gefälligkeit bezahlte man mit Knastgeld oder Waren. Er baute dann einen Bus: Dazu hing er die untere Etage eines Doppelstockbettes mit Decken ab, so dass niemand hineinschauen konnte. Ich fragte mich, ob ich seine Dienste in Anspruch nehmen würde. Wie viel Zeit bis dahin vergehen müsste.

Bis zum Erlöschen des Lichts spielten wir Karten. Ich war dennoch weiter auf der Hut vor dem Piraten. Versuchte nachts wachzubleiben. In den Morgenstunden fiel ich oft in einen dämmrigen Schlaf.

Nach zwei Wochen begann der Pirat zum ersten Mal ein privates Gespräch. Da wusste ich, ich war in seinen Kreis aufgenommen. Das erleichterte mich so sehr, dass ich abends sofort einschlief, als das Licht ausging.

Aber an Durchschlafen war sowieso nicht zu denken. Die nächtlichen Kontrollen der Wärter zerhackten den Schlaf. Dann ergoss sich für Sekunden ein Lichtschwall im ganzen Raum. Immer wenn die Klappe an einem der Gucklöcher, die sich im Abstand von einem Meter in der Wand zum Gang befanden, betätigt wurde, schoss die Deckenlampe grelle Lichtblitze ins Dunkel des Raumes. In meine Träume. Jedes Mal bohrte sich dabei ein zischendes Geräusch in meine Ohren. Stunde um Stunde. Bis zum Wecken.

Major Dohle

Einige Tage nach dem Vorfall mit dem Brigadier wurde ich dem Leiter des Strafvollzugs vorgeführt. Major Dohle. Ein kleiner vierschrötiger Mann.

Er stand mir gegenüber. Wippte von den Hacken zur Fußspitze. Räusperte sich.

»Du weißt warum du hier bist?«, fragte der Major mit erhobener Stimme.

Ohne eine Antwort abzuwarten, mit einem höhnischen Grinsen fuhr er fort: »Solche wie du machen hier keinen Ärger. Dich werde ich entpersonifizieren.« Dann fügte er leiser hinzu: »Du weißt doch was ich meine? Ich habe hier Zeit, aus einem Verräter ein willenloses, sabberndes Arschloch zu machen. Ich werde dich brechen. Deine Seele, alles andere auch. Wenn du freigekauft wirst, habe ich alles dafür getan, dass du keine Überlebenschance im Westen hast.«

Sein Schweiß roch nach Leberwurst.

»Was die Stasi mit dir gemacht hat, war ein Scheißdreck. Desorientierung, Isolation, Schlafentzug, Gummizelle ist gar nichts gegen das, was ich mit dir machen kann. Die alten Knackis werden sich auch um dich kümmern.«

Major Dohle machte eine kleine Pause. Stierte mich an. Versuchte offenbar, eine Gemütsregung zu entdecken. Fuhr fort: »Disziplinierung mit Kettenarrest, persönliche Filzungen, Steharrest, keine Besuche, keine Pakete sind die ersten Maßnahmen für dich.«

Dann lachte er hysterisch. Stellte sich ganz dicht vor mich. Atmete langsam aus. Drohte: »Du bist nicht der Erste, den ich hier klein mache.«

Pause.

»Es gibt keine, aber auch wirklich keine Vergünstigungen für dich. Keine Bücher. Keine Kinogänge. Keine Briefe. Auch nicht an Angehörige.«

Ich hatte zugehört. Hatte die Worte über mich ergehen lassen. Bemerkte meinen trockenen Mund. Versuchte dem Leiter der Anstalt nicht direkt in die Augen zu schauen. Seine Worte drangen langsam in meinen Verstand. Empörung, Wut breiteten sich in mir aus. Gedanken formten sich zu etwas Sprechbarem. Blieben im Halse stecken.

Major Dohle war um mich herum gelaufen. Ergriff wieder das Wort: »Solche Dreckschweine wie dich mach ich fertig! Zu den Ratten kommst du. Deine eigene Scheiße wirst du fressen. Dich in den Mutterleib zurücksehnen. Um Gnade winseln. Ich werde dich wissen lassen, wie man jemanden enthäutet.«

Das alles hatte Dohle an meinen Hinterkopf gezischt. Plötzlich stellte er sich wieder vor mir auf. Auge in Auge stand er mir gegenüber. Mit dem Rest Spucke im trockenen Mund rotzte ich ihm ins Gesicht.

»Du Nazischwein«, presste ich hervor.

Der Major taumelte verblüfft rückwärts. Ein Griff unter seinen Schreibtisch. Eine Klingel. Dann stürzte er mit einem Faustschlag auf mich zu. Die gerufenen Wärter traten auf mich ein. Zogen mich aus dem Raum raus.

Hustend, auf dem kalten Boden des Flures liegend, dachte ich zuerst, an meinem Blut zu ersticken. Eine Weile lag ich allein. Als die Wärter wiederkamen, schienen sie guter Laune. Sie schleppten mich einige Gänge weiter. Vor einer Zellentür blieben sie stehen. Öffneten. Schleiften mich hinein.

Ein Verließ von etwa drei mal zwei Metern. Etwas mehr als einen Meter hoch. Trotz geschwollener Augen erkannte ich eine Eisenpritsche. Die Matratze fehlte. Die Wärter zerrten mich auf die Liegefläche. Auf meine Gegenwehr folgten Schläge.

Sie schlossen mir Ketten um Hand- und Fußgelenke. Ich lag auf dem Rücken. Kam nicht mehr los. War fixiert. Die Tür in Blickrichtung. Eine Reihe gläserne Mauersteine am Kopfende. Darüber ein Lüftungsschacht. Ich spürte einen kalten Wind am Kopf.

Noch konnte ich nicht glauben, was mir gerade widerfuhr. Ein Grusel, eine Ahnung von etwas Unheilvollem, von Ausgeliefertsein machte sich in mir breit. Ungewissheit. Stunden der Dunkelheit. Langsam begriff ich meine Lage. Meine Machtlosigkeit. Ich musste wütend weinen. Weinen wechselte mit zornigen Schwüren. Die Schweine verprügeln. Vor Gericht schleppen. Einsperren.

Zeitlosigkeit. Das Bedürfnis, auf Toilette gehen zu wollen. Warten. Kein Laut.

Als ich spürte, dass ich den Kot nicht halten konnte, brüllte ich nach den Wärtern. Wollte mit den Ketten rasseln, aber die schnitten noch tiefer ins Fleisch.

Wieder schrie ich.

Auf den Gängen blieb es still.

Angestrengt lauschte ich.

Kein Laut.

Meine Nerven machten mich zittern. Noch hoffte ich. Später begriff ich: Auch das gehörte zum Plan. Sie wollten mir meine Würde nehmen. Ich blieb allein.

Als der Gestank von Urin, Kot unerträglich wurde, kotzte ich. Würgte immer wieder. Stundenlang. Das Gestänge des Eisenbettes drückte sich immer weiter in meinen Rücken. Schüttelfrostattacken ergriffen mich.

Nach einer Ewigkeit öffnete ein Wärter die Zelle. Kontrollierte die Ketten. Füllte den Napf mit Wasser. Mein Herz stockte. Was würde nun passieren? Ich hielt den Atem an. Der Wärter beugte sich über mich. Blies mir den Rauch seiner Zigarette ins Gesicht. Als ich versuchte, zu spucken, lachte er höhnisch. Verschloss die Zelle.

Beim nächsten Kontrollgang ließ der Wärter das Licht brennen. Stundenlang blinzelte ich in die Neonröhre dicht über mir. Das kalte Licht bohrte sich in mein Gemüt. Die Lampe war umgeben von einem Schutzgitter. Knapp einen halben Meter von meinem Gesicht entfernt. Ich wollte mich abwenden. Aber die Ketten hielten mich. Das grelle Licht wurde zum marternden Schmerz. Machte mich rasend.

Ich richtete meinen Oberkörper auf. Schlug mit dem Kopf gegen den Gitterkasten. Für Momente wie von Sinnen, spürte ich das Blut an meiner Stirn nicht. Das

Surren der Neonlampe hatte sich in mein Gehirn genistet. Machte einen Anderen aus mir.

Irgendwann fiel ich in wirre Träume.

so glitt ich flüssig durch jede materie in fremde körper konnte ich der pulsschlag sein ich legte mich in andere gehirne veränderte die struktur bis ich die materie wieder verließ woanders als blut bei einer wunde ausströmte ich raste durch die adern von altem gestein tropfte wie eine perle in die unendlichkeit zersprang in kristalle die sich in augen verwandelten da stand ich im eiskalten schnee durchjagte wälder als mir das blut des gehetzten tieres die kehle runter lief schrie ich auf sehnte mich in den schoß meiner mutter aufblitzend durchbohrte mich das geburtslicht der schweiß lief an mir da ersehnte ich einen anderen beginn im mutterleib herbei wurde ein sturm verwüstete länder ließ die seen erzittern bis ich mit dem kopf die wunden rieb immer tiefer die ketten in meinem fleisch meinem körper spürte irrer tanz jede pore triefte die knochen knallten gegen eisen bis ich zusammenbrach schnaufend im halbschlaf raste das nächste aufblitzen in mein hirn offene augen durchbohrten die dunkelheit die trockenheit zeriss meine lippen das herzpochen heftig schmiss mich empor schleuderte meinen kopf ins trauma für sekunden oder stunden körperlos schwebte mein hals daran würgende hände mit dem kopf durch das all eisiger wind fror mich ein aus meinen auge tropfte das blau

Die Sonne Vietnams

In der Truppe des Piraten gab es einen Asiaten. Einer jener Menschen, die aus Vietnam als Vertragsarbeiter in die DDR gekommen waren, um in der sozialistischen Wirtschaft mitzuhelfen. Zugleich vom sogenannten Bruderland für die eigene Heimat zu lernen.

Huang Hei erzählte von seinem Job in einer Wäscherei. Die nass-feuchte Hitze machte ihm zu schaffen. Er wurde öfter krank. Fehlte ohne Krankenschein. Dann verliebte er sich in seine Nachbarin, eine Vietnamesin. Auch sie Vertragsarbeiterin. Die beiden wollten ihren Aufenthalt in der DDR beenden. Nicht Jahre warten. Zurück nach Vietnam. Heiraten. Unter Heimatpalmen leben. Um jeden Preis. Doch da waren noch die vertraglichen Pflichten in der sozialistischen Produktion.

Hei war immer öfter der Arbeit ferngeblieben. Aber auch vietnamesische Arbeiter unterstanden den Gesetzen der DDR. Das Recht auf Arbeit, die Pflicht zur Arbeit. Nach mehreren Ermahnungen wurde Hei von einem Gericht zu einer Haftstrafe verurteilt.

Nun war die asiatische buddhistische Sonne in meiner Nähe. Manchmal beruhigte mich das. Obwohl Hei einige Male betonte, Atheist zu sein, erzählte er von den Schreinen seiner Ahnen, zu denen ihn seine Eltern, Großeltern in der Kindheit mitgenommen hatten. Die Lehre des Zen-Buddhismus beeindruckte ihn. Aber einen Weg zur Meditation fand er nicht.

Mich faszinierten seine Berichte. Seine Kultur. Seine Herkunft. Entgegen allen Verboten trainierten wir jeden Tag Kung Fu. Ich zeigte ihm eine Technik nach der anderen. Ohne nachzudenken, ahmte er sie nach. Führte sie perfekt aus. Huang Hei aus Saigon war mein erster Schüler. Im Gefängnis Naumburg.

Mein Leben in Naumburg veränderte sich. Die meisten kriminellen Gefangenen ließen mich in Ruhe. Weil ich den Brigadier verprügelt hatte. Weil ich zur Clique des Piraten gehörte. Weil sich rumsprach, dass ich Huang Hei trainierte.

Öfter sprach ich mit meinem vietnamesischen Freund über das Leben außerhalb des Knasts. Über unsere Träume. Über die Vergangenheit. Wir sonderten uns von den anderen ab. So gut es eben ging. Unsere Übungen machten wir ohnehin heimlich.

Die Wärter hassten alles, was ihren geregelten Alltag störte. Sie sollten keinen zusätzlichen Anlass bekommen, gegen unerwünschtes Verhalten vorzugehen.

Eines Tages kam der Bläser vom Dienst aufgeregt in unsere Zelle gerannt. Als ich ihn sah, wusste ich sofort, dass etwas passiert sein musste. Dass er Hilfe suchte. Dass Eile geboten war. Also griff ich den schmächtigen Kerl. Schubste ihn den Gang entlang. Unterwegs musste er mir alles erklären.

Ein paar ältere Gefangene vom dritten Stock hatten Huang Hei überfallen. In eine Zelle geschleppt. Ans Bett gefesselt. Er sollte zugeben, dass man in Vietnam Hunde zum Mittag esse. Auch wollte man wohl dem Piraten eins auswischen. Hei gehörte ja zu seiner Clique. Da ich nicht wusste, was genau mich erwarten würde, schickte ich den Bläser gleich wieder los. Den Piraten suchen. Der sollte mir zu Hilfe kommen.

Als ich die Zelle betrat, stand eine geifernde Meute um Huang Hei herum. Er wurde angespuckt. Sachen riss man ihm vom Leib. Immer wieder setzte es Schläge. Er wehrte sich nicht. Wie auch? Er hatte einfach die Augen geschlossen. War verreist in die Sonne Vietnams.

Ein Kerl, der mich sah, wissen konnte, dass ich vom unteren Stockwerk komme, stürzte auf mich zu. Ohne Zögern stieß ich ihm meinen Schädel ins Gesicht. Es krachte. Ich schlug jeden, den ich treffen konnte.

Der Pirat kam mit der Clique. Die waren nicht zimperlich. Wer auf der Erde lag bekam noch einen Tritt. Ich hatte mich an eine Wand gelehnt. Versuchte Atem zu holen. Jemand hatte Huang Hei befreit. Gerade als wir geschlossen die Zelle verlassen wollten, kam Erzieher Oberleutnant Gulas in den Raum. Die hinter ihm stehenden Wärter hatten Knüppel in der Hand. Der Raum roch nach Blut.

Gulas machte eine Kopfbewegung, die uns bedeutete, dass wir gehen sollten. Wir schoben uns an ihm vorbei. Rannten in den ersten Stock, um nicht zu spät zum Einschluss zu sein. Später überlegte ich, ob ich den Freund an diesem Tag hätte begleiten sollen. Ich schloss ihn in meine Meditation ein.

Versorgungskette

Speisesaal.

Das Essen widerte mich an. Morgens, abends Marmelade aus Schweinegelatine, Zucker, Farbstoff. Von den Gefangenen Stalintorte oder Blombenfresser genannt. Aufgeweichte Brote. Schmalz. Ochsenkopf gepresst. Sülze.

Ich wollte lieber gar nicht wissen, was da darin ist. Als ich das erste Mal in ein Stück Sülze biss, knirschte es gewaltig zwischen den Zähnen. Ich sah nach. Ein Kuhauge glotzte mich an. Oder war es Schwein? Angewidert warf ich die ganze Portion in die Tonne.

Viele schmissen das Essen einfach weg. Es gab aber auch genug Leute, die bei den Wegwerftonnen standen, das Essen abfingen, um es später auf der Zelle zu essen. Manch einer spazierte mit 10 Stück Ochsenkopf gepresst aus dem Saal.

Mittags saß man oft ratlos vor seinem Essen. Was war genießbar davon? Undefinierbares Fleisch. Immer Schwein. Kartoffeln mit blauem Belag. Gematschtes Gemüse. Saucen voll Geschmacksverstärker.

Wenn ein Brotlaib auf den Tisch flog, spritzte nach allen Seiten Wasser. Es war tagelang in nassen Handtüchern aufbewahrt worden. Man konnte es auf der Heizung trocknen, wenn diese funktionierte. Das half. War dann wie Zwieback.

Selbstversorger ging nicht. Nur Wein, von uns Rotkäppchensekt genannt, stellten die Gefangenen heimlich selbst her. Weißbrot, Zucker, Obst, Hefe.

Wochenlang gärte das Zeug in Essenkübeln. Wenn es nicht entdeckt wurde von den Wärtern. Die tranken den Wein aber auch.

Zusätzliche Einkäufe konnten die Gefangenen im Knastladen machen. Dort gab es Zigaretten, einige Kosmetikartikel, manchmal Obst. Das Angebot war miserabel. Von den 30 Mark Knastgeld, die man monatlich als Arbeitslohn erhielt, konnte man wenig kaufen. Das Geld reichte meist nicht bis zur Monatshälfte.

Was man nicht im Einkaufskiosk bekam, musste man organisieren. Tauschgeschäfte. Mit allem, was in Päckchen, bei Besuchen von Angehörigen oder über andere Kanäle in den Knast gelangte. Besonders Westprodukte wie Rasierwasser, Deoroller, Zahnpasta waren beliebt. Oft konnten gerade politische Gefangene sich hier kleine Vorteile verschaffen. Sich mit Westware eine Schonfrist, ein temporäres Aussetzen der Drangsalierungen erkaufen.

Schwarzer Tee war die eigentliche Währung. Droge Nummer Eins. Alles wurde umgerechnet in Tee. Eine Packung Tee, die im DDR-Konsum 1,50 Mark kostete, hatte im Gefängnis einen Wert von 30 Mark Knastgeld. Ein Monatslohn. Eine Kostbarkeit sozusagen. Das wusste auch das Gefängnispersonal. Selbst Spitzel wurden mit Tee bezahlt.

Wegen seiner euphorisierenden Wirkung gehörte schwarzer Tee zu den Getränken, die es im Knast nur selten, in kleinen Mengen, als Vergünstigung oder Belohnung gab. Auf Arbeit, in der Werkshalle, konnten wir Tee nebenbei kochen. Organisierte Ware zusammenlegen. Offiziell war es auf das Strengste verboten, Tee zu brühen oder mit Tee zu handeln. Verwarnungen, Arrest, Prügel erwarteten die, die sich in der Zelle beim Kochen erwischen ließen.

Dennoch kochten wir Tee, so oft es möglich war. Fast täglich. Kurz vor Einschluss. Dazu wurden 50 Gramm Tee in einem Liter Wasser solange ausgekocht bis das letzte Tein aus den Blattkrümeln herausgezogen war. Der starke Sud, Impe genannt, wirkte schon bei den ersten Schlucken.

Das Tein entfaltete sich im Körper. Wirkte an den Nerven. Ließ die Adern pochen. Trank man zwei Tassen, spürte man einen Rausch. Viele konnten das bittere Gesöff nur mit mehreren Löffeln Zucker trinken. Der Zucker löste bei Epileptikern Anfälle aus. Häufig machten wir noch einen zweiten Aufguss.

Zum Teekochen benutzte man eine selbstgebaute Vorrichtung, die wie ein Tauchsieder funktionierte. Sie bestand aus zwei Metallplatten, an die jeweils ein Draht angebracht war, der in einer Öse oder Klemme endete. Diese Kontakte wurden an die Stromkabel in der Steckdose oder der Deckenbeleuchtung angeschlossen.

Durch die zusätzliche Belastung brummten die maroden Stromleitungen dann gewaltig, was dem Tauchsiederersatz den Namen Dröhner bescherte. Hörten die Wärter das bekannte Geräusch, liefen sie aus ihren Wachstuben. Versuchten die Zelle zu finden, in der die Stromleitung angezapft wurde.

Um das Risiko, erwischt zu werden, möglichst gering zu halten, kochten wir Tee nur in der Clique. Dann postierten wir uns auf den Gängen, den Treppenabsätzen. Standen Schmiere. Warnten, wenn die Wärter im Anmarsch waren. Die fertige Impe in den Kannen wickelten wir in Decken. Tranken sie nach dem Einschluss in der kleinen Runde Verbündeter. Den Dröhner versteckten wir, in eine Plastiktüte gewickelt, im Ausguss, unter einem Abflussdeckel im Boden des Waschraums.

Eines Tages kochte ich im Waschraum einer Nebenzelle Tee. Normalerweise tat ich das nicht selbst, denn ich musste mit den härtesten Bestrafungen rechnen. Als ich fertig war, versteckte ich den Dröhner sicher im Gully. Musste nur noch zurück auf meine Zelle.

Gerade als ich die Tür des Waschraums hinter mir schloss, stand plötzlich Major Dohle mit einem Wärter vor mir.

»Woher hast du den Tee?«, fragte er streng.

»Von der Arbeit mitgebracht«, antwortete ich kleinlaut.

Wir wussten beide, dass ich log. Er tippte mit dem Zeigefinger gegen die dampfende Kanne in meiner Hand.

»Von der Arbeit«, äffte er mich höhnisch lachend nach.

Der Tee konnte drei Stunden nach Feierabend nicht mehr heiß sein.

»Acht Tage Arrest«, ordnete Major Dohle kurzentschlossen an. Dann verließ er den Raum.

Der Pirat geht

Bevor der Pirat entlassen wurde, wickelte er seine Geschäfte ab. Regelte seinen Abgang. Einen großen Teil seines Besitzes konnte er von Knastgeld in Mark tauschen. Er war für DDR-Verhältnisse ein reicher Mann. Nach acht Jahren Haft hatte er so viel Geld zusammengemauschelt, dass er sich für die nächste Zeit keine Sorgen machen brauchte.

Warum er im Gefängnis saß, hatte er mir nie verraten. Er war guter Dinge, auch wenn er nach außen weiter mit seinem düsteren Blick herumlief. Es gab zu viele Neider. Er hatte wohl zu oft erlebt, dass seine Pläne noch in letzter Minute durchkreuzt wurden, etwas Unvorhergesehenes passierte.

Nach seiner letzten Entlassung aus dem Strafvollzug gelang es ihm gerade mal, bis zum nächsten Bahnhof zu kommen. Während er auf den Zug wartete, trank er ein paar Biere in der Bahnhofsgaststätte. Angetrunkene streitsüchtige Jugendliche provozierten ihn. Als sie handgreiflich wurden, konnte er sie zwar vermöbeln, aber das Lokal glich einem Trümmerfeld. Der Wirt hatte die Polizei gerufen. Als frisch Entlassener mit Bewährung wurde er sofort wieder eingesperrt. Seine Freiheit dauerte in diesem Fall nur etwas über drei Stunden.

Kurz vor seiner diesmaligen Entlassung nahm er mich beiseite. Ein Teil seines Erbes sollte an mich fallen. Er weihte mich in seine Knastgeschäfte ein. Tagelang besprachen wir, wie man Ware beschafft. Sich neue Quellen erschließt. An wen ich mich wenden konnte für die Verkäufe. Von wem ich Gefahr zu erwarten hatte.

Geld gab er keinem aus der Clique. Mir schenkte er zwei leere Bac Deoroller. Er erklärte mir genau, wie ich die auffüllen musste, damit sie wie neu aussahen, verkaufbar waren: Destilliertes Wasser herstellen. Dann mit blauem Filzstift einfärben. Ein paar Tropfen. Tatsächlich verkaufte ich sie später an einen Widersacher, über dessen Reinfall ich mich jedes Mal wieder freute.

Zwei Tage vor der Entlassung öffneten wir alle angesetzten Essenkübel, in denen seit Wochen Wein gärte. Die Behälter hatten wir über Beziehungen aus der Küche abgezweigt. Sie waren in Ecken der Werkhalle gut versteckt.

Bis in die Abendstunden ging es an diesem Nachmittag im Gefängnis Naumburg lauter zu als sonst. Wer nicht mit dem Piraten bekannt war, musste für unseren Rotkäppchensekt zahlen. Die Wärter drückten ein Auge zu, denn auch sie bekamen etwas davon.

Als wir am nächsten Morgen arbeiten waren, wurde der Pirat entlassen. Oft musste ich an ihn denken. Jemand, der an diesem düsteren Ort vielen Angst eingeflößt hatte. Der anderen ein Kamerad war. Der mir geholfen hatte.

Matze

Nach der Entlassung des Piraten löste sich seine Clique auf. Einige Mitgefangene wurden in den Neubau, ins Haus 2, verlegt. Andere bekamen neue Arbeitsstellen zugewiesen. Mussten die Zelle, das Stockwerk wechseln. Auch die asiatische Sonne verschwand aus Naumburg. Ich bekam eine neue Zelle zugewiesen. Die meisten Mitgefangenen kannte ich bereits von der Arbeit.

Fast zeitgleich mit mir kam ein Neuzugang in die Zelle. Ein großer kräftiger Kerl. Seine trotzige Art gefiel mir. Ein stiller Protest. Ausdruck seines Widerwillens, hier zu sein. Bei passendender Gelegenheit verwickelte ich ihn in ein Gespräch. Obwohl ich nicht sagen konnte, warum genau ich ihn sympathisch fand, machte ich ihm den Vorschlag, mein Verbündeter zu werden. Irgendwie hatte ich den Eindruck, ihn schon einmal getroffen zu haben.

Merkwürdigerweise erinnerte er mich an einen jungen Schwarztaxifahrer aus Halle, der mich ein halbes Jahr vor meiner Verhaftung, an einem Samstagabend vom Palast der Republik nach Hause gebracht hatte. Aus den klapprigen Boxen seines Trabants hörten wir Bob Marley. In Adlershof tranken wir noch ein Bier. Quatschten über Gott und die Welt. Sprachen über Reisen in ferne Länder.

Als ich Matze einige Tage später danach fragte, stellte sich heraus, dass er tatsächlich jener Taxifahrer gewesen war. Welch ein Zufall, ihn genau an diesem schicksalsträchtigen Ort wiederzutreffen.

Matze blieb bis zum Ende der Haftzeit in Naumburg mein Spanner. So nannte man seinen engsten Verbündeten. Wir teilten nicht nur unsere Gedanken. Auch unseren Besitz. Darüber war ich sehr froh.

Matze machte mir eines Tages ein Geschenk. Als der Waschraum leer war, rief er mich hinein. Er nestelte an einem winzigen mit Folie umwickelten Päckchen. Vorsichtig entfaltete er einen Geldschein. 500 Westmark.

Ich schaute ihn ungläubig an. Er strich einmal behutsam mit der Hand über das Papier. Grinste mich an. »Hab ich von draußen rein geschmuggelt.« Legte ihn sofort wieder zusammen. Wickelte ihn in die Folie. Dann steckte er das Teil in den Mund. Schluckte. Mir gab er ein zweites Päckchen im gleichen Format.

»Schluck runter. Biste ein reicher Mann.«

Ich zögerte. Schluckte. Was für ein Versteck! Nun musste ich das Teil öfter in meinem Kot suchen. Neu verpacken. Wieder schlucken. Wenn mir das zu nervig war, versteckte ich das kleine Päckchen wochenlang an einem sicheren Ort.

Wir lernten voneinander. Matze lehrte mich Elektrik. Er wollte den Zen begreifen. Ich meditierte mit ihm. Zeigte ihm, wie er sich verteidigen kann.

Später machten wir mit anderen Kameraden, die wir sorgfältig auswählten, unsere eigene Clique auf.

Matthias hatte bereits wochenlang eine Wunde am Daumen. Eine Art Geschwulst. Schmerzen peinigten ihn. Stinkender Eiter trat aus. Wir hatten Bettlaken durch Tauschgeschäfte besorgt. Die schnitten wir zu Verbandsmaterial, damit sich die Wunde nicht weiter infizierte.

Eines Mittags ließen die Wärter alle Insassen unserer Zelle in den Hof ausrücken. Breitbeinig stehend, mit den Händen hochgestreckt an der Wand, mussten wir eine Weile verharren. Keiner wusste den Grund für diese Maßnahme. Ein Wärter lief die Reihe ab. Korrigierte die Stellung der Gefangenen. Unvermittelt schlug ein Wärter direkt auf die Wunde meines Kameraden. Matze brach zusammen.

Ohne weiter nachzudenken, drehte ich mich um. Hieb dem Wärter meinen Ellbogen gegen den Kopf. Ein zweiter Wärter eilte herbei. Ihn traf ein Fußtritt in den Bauch. Auch er ging zu Boden. Dann vernahm ich das Entsichern einer Maschinenpistole. Ich erstarrte. Eiskalt lief es mir den Rücken hinunter. Der Posten auf dem Turm musste mich ins Visier genommen haben. Als ich kein weiteres Geräusch vernahm, half ich Matze auf. Auch die Wärter hatten sich inzwischen aufgerappelt. Ein Schlag traf mich auf dem Kopf. Für Sekunden dachte ich, mich aufrecht halten zu können. Dann wurde alles schwarz. Ich wachte im Kettenarrest auf.

Der Zivilmeister

Der Zivilmeister betrat jeden Morgen zur Betreuung der Arbeit die Werkhalle. Im Grunde seines Herzens waren ihm die Gefangenen egal. Hauptsache sie erfüllten die Norm. Zettelten keine Revolten an. Hauptsache er hatte seine Ruhe.

Für Ordnung im Kommando, für das Einhalten der Arbeitsdisziplin, für die Kontrolle der erarbeiteten Stückzahlen sorgte der Brigadier. Für den Zivilmeister ging alles seinen sozialistischen Gang, wenn die technischen Abläufe funktionierten. Wenn er am Ende des Tages, die Ergebnisse der Arbeit der Gefangenen auf seinem Auto, aus dem Gefängnis fahren konnte.

Der Zivilmeister war ein wichtiger Kontakt zur Außenwelt. Zum Organisieren und Handeln mit begehrter Ware. Viele Gefangene versuchten, in die Gunst des Zivilmeisters zu kommen oder diese zu behalten. Das war aber nur möglich, besaß man Dinge oder konnte man Dinge organisieren, die für den Zivilmeister von Interesse waren. Der Zivilmeister schleuste wiederum Waren ein, die die Gefangenen brauchten. Zumeist war das Tee.

Eines Vormittags klopfte ich an die Tür seines Aufenthaltsraums in der Werkhalle. Nachdem ich ein »Ja« gehört hatte, trat ich ein. Schloss die Tür.

Der Zivilmeister saß an seinem Schreibtisch. Über Kataloge von Neckermann gebeugt. Mit gespieltem Erstaunen, seine listigen Augen über den Brillenrand hebend, brummte er: »Was gibt es denn? Wie war noch der Name?« Er bewegte sich kaum. Ließ mich seine Missbilligung der gestörten Lektüre spüren.

Die ersten Worte fielen mir schwer. Immerhin konnte der Zivilmeister jeden Moment die Wache rufen. Nach kurzem Zögern fragte ich direkt, ob er Interesse hätte an Kosmetikartikeln aus dem Westen. Er tat so, als sei er verblüfft über mein Angebot. Da er aber nichts entgegnete, stellte ich einfach eine Flasche Denim Rasierwasser zwischen uns auf den Schreibtisch.

Ein kurzer gieriger Blick verriet mir, er würde die Ware um jeden Preis haben wollen. Eine Belehrung über absolutes Stillschweigen signalisierte sein Geschäftsinteresse. Er bot mir einen Sitzplatz an.

»Was hat er sich denn vorgestellt, dafür haben zu wollen?«, fragte mich der Zivilmeister.

Ich forderte 15 Pack Tee. Der Zivilmeister staunte. Natürlich wusste er, dass das Rasierwasser 12,50 Westmark wert war. Er wusste auch, dass 15 Pack Tee 450 Mark Knastgeld einbrachten. Eine unglaubliche Summe. Mit gönnerhafter Miene, weil ja nur er den Tee besorgen konnte, schlug er sechs Pack vor. Wir einigten uns auf acht.

Der Zivilmeister öffnete seine Schreibtischschublade, warf die Packungen zu mir rüber. Ich verstaute sie in meiner Unterhose.

Vergänglicher Reichtum

Was machte man mit so viel Tee? Er musste verkauft werden. Vorher brauchte man gute Verstecke. Einen Teil der Beute deponierte ich in der Werkhalle. Nirgends gab es so viele gute Nischen. Dort lagerte meist auch der selbstgemachte Rotkäppchensekt, der von den Wärtern so gut wie nie gefunden wurde. Den Rest der Beute schleuste ich in den Gefängnistrakt.

Um den Tee schnell loszuwerden, schickte ich Mitglieder der Clique durchs Haus. Sie suchten Gefangene, die Westartikel besaßen. Ihnen boten wir Tee zum Tausch an. Andere zahlten mit Knastgeld. Von den Gefangenen, die als Kalfaktoren in der Effektenkammer eingesetzt waren, erhielten wir gute Schuhe oder Kleidung dafür.

Im Grunde war mir das Teegesöff egal. Ich hasste die schlechten Lebensbedingungen im Knast. Die vielen Entbehrungen. Ich wollte unsere Clique reich machen. Uns mit guten Lebensmitteln, Kopfschmerztabletten oder Rauchwaren versorgen. Dinge besorgen, die den Alltag leichter machten.

Von Monat zu Monat hatte ich mehr Geld zu verwalten. Fast hätte ich behaupten können, reich zu sein. Tee gab es in vielen Verstecken. Aber dieser Reichtum war schnell vergänglich. Zu leicht drohte Verrat. Auch konnten die Ware oder das Geld jederzeit entdeckt werden.

Das meiste Geld versteckte ich an einem Ort, den nur ich kannte. Kleine Beträge gab ich den Kumpels aus meiner Clique. Ermahnte sie, wenig Geld auszugeben. Im Gefängniskiosk sollten sie damit Dinge erstehen, derer wir seit Monaten entbehrten. Obst zum Beispiel. Zigaretten natürlich.

Um mein Geldversteck zu wechseln musste ich die Scheine leider mit auf die Zelle nehmen. Ich saß auf dem Lokus. Zählte Geld. Kackte das kostbare Geschenk von Matze aus. Plötzlich vernahm ich lautes Poltern, Stimmen in der Zelle. Ein Wärter riss die Tür zum Waschraum auf. Als er mich sah, schrie er: »In drei Minuten bist du vom Klo runter, sonst polier' ich dir die Fresse!«

Eine der üblichen Filzungen war im Gange. Die Wärter entleerten die Schränke ihres Inhalts, stießen sie um, rissen die Matratzen aus den Betten. Wo sollte ich das Bündel Geld verstecken? Sollte ich es notfalls runterspülen? In meinen Arschbacken konnte ich es nicht verstecken. Leibesvisiten waren an der Tagesordnung. Also eine andere Idee.

Ich zerrte eine Sicherheitsnadel aus der Hose, öffnete sie, stach alle Scheine durch. Am Waschbecken hing ein altes Handtuch. Dort machte ich das Bündel fest. Schloss die Nadel wieder. Drehte das Handtuch so, dass die Geldscheine zur Wand zeigten. Nicht sichtbar waren. Dann stürzte ich zur Kloschüssel, durchsuchte den Kot. Gerade als ich das Zellophan sorgfältig abspülte, schrie der Wärter: »Los jetzt!«

Ich beugte mich übers Waschbecken, steckte das Zellophanbündel in den Mund, nahm ein Schluck Wasser. In diesem Moment trat der Wärter zu mir in den

165

Raum. Ohne einen Gesichtsmuskel zu verziehen, schluckte ich. Dann schickte er mich zu den anderen vor die Zelle. Nach geraumer Zeit meldete ein Wärter: »Alle einrücken. In 30 Minuten sieht die Zelle wieder tipp topp aus!«

Der Raum war verwüstet. Die meisten begannen, ihre Schränke einzuräumen, die Betten zu ordnen. Alles musste in gründlichster Ordnung sein.

Mein Herz schlug bis zum Hals. Ich rannte sofort in den Waschraum. Das Handtuch hing noch an der gleichen Stelle. Mit einem Ruck drehte ich es um. So wie ich das Geld fest gemacht hatte, baumelte es noch an der Nadel.

Ich atmete auf.

Erzieher Lunke

Zum Gefängnispersonal gehörten sogenannte Erzieher, die die Gefangenen im sozialistischen Sinne betreuten. Der für unser Kommando zuständige Offizier, Unterleutnant Lunke, hasste mich. Trotz einer Größe von über 1,90 Metern, erahnbaren Muskeln, wirkte er aufgedunsen, schwammig. Gerüchten zufolge, hatte er seine Leutnantsprüfung mehrmals nicht geschafft.

Seine glasigen blauen Augen verrieten den jeweiligen Pegel seines Alkoholkonsums. Dann funkelten sie heimtückisch aus den schmalen Augenschlitzen. Meist kam er bereits angetrunken in den Dienst. Zurückgezogen in seinem Aufenthaltsraum erhöhte sich sein Alkoholspiegel häufig. Dann wurde er gemeingefährlich. Mit der entsprechenden Menge, suchte er Gefangene auf, denen er das Leben schwer machen wollte.

Manchmal glaubte ich, dass er mich nie wirklich aus den Augen ließ. Selbst zu Hause bei seiner Familie noch an mich dachte. Seine Abneigung gegen mich, so schien es, war eine persönliche Sache geworden.

Natürlich hasste er die Feinde des Landes. Systemstörer, Ausreiser, Republikflüchtlinge. Von anderen Gefangenen hörte ich, dass er sich über den Zen-Buddhismus erkundigte. Meine Kung-Fu-Übungen und mein Thai Chi passten ihm nicht. Die fremdartigen Bewegungen provozierten ihn offenbar dazu, mir körperliche Schmerzen zu bereiten.

Als er einmal in die Zelle kam, mich beim Meditieren sah, trat er mich einfach vom Bett runter. Dann drehte er sich auf dem Hacken um. War verschwunden, noch bevor ich mich aufgerappelt hatte. Wenn er mich mit Worten attackierte, spürte ich seine Niedertracht. Nie schaute er mir direkt in die Augen. Meistens ließ er mich durch andere bestrafen.

Einmal war Erzieher Lunke persönlich beim Einschluss der Gefangenen anwesend. Ich ahnte nichts Gutes. Als ich nach der Meldung mit den Anderen in die Zelle gehen wollte, hielt mich ein Wärter zurück: »Du wartest noch!« Schob mich beiseite.

Still war es auf dem Gang geworden. Neben mir postierten sich mehrere Wärter. Auf der einen Seite fünf. Auf der anderen drei. Erzieher Lunke stand ungefähr drei Meter entfernt. Er schritt immer wieder den Gang ab. Seine Blicke klebten auf dem Boden, als suche er etwas.

Einer der Wärter warf eine gefaltete Decke vor mich. Befahl: »Los, ausziehen!« Ich stellte mich auf die Decke. Begann, meine Sachen abzulegen. Die Unterhose behielt ich an. »Los, zieh die Unterhose aus!«, kommandierte der Wärter.

»Nur mit Arzt«, erwiderte ich. Wollte nicht nackt vor den Wärtern, vor Lunke, stehen. Ungehalten trat der Erzieher auf mich zu. Schrie: »Du kannst dir heute was aussuchen: Entweder du gehst mal wieder in den Kettenarrest, spielst sterben oder wir schlagen dich derartig zusammen, dass du auf der Krankenstation auf wachst! Was wir dir zerrkloppen, flicken wir auch wieder zusammen. Tropf, künstliche Ernährung kannst du auch haben.«

Lunke schaute mir wieder nicht in die Augen. Er schlich um mich herum, als würde er mir Bedenkzeit geben. Wut, Empörung, auch Trauer stiegen in mir empor. Wie konnte ich diesem Menschen vergeben? Was wollte er mir nun wieder antun? In meinen Gedanken versuchte ich diesen Menschen zu verschicken. In einen Tempel. Auf ein Reisfeld. Zur Demut des Herzens. Aber da das nicht möglich war, verreiste ich innerlich.

Plötzlich stand Lunke ganz dicht vor mir. Sein Blick ging an mir vorbei. Aber sein Alkoholgestank traf mich mitten ins Gesicht. Es gab kein Entrinnen. Keinen Ausweg. Ich wusste, dass eine der Strafen mich erreichen würde. Egal, was ich sagte.

Ich rotzte ihm mitten in seine Visage. Schrie ihn an:
»Du Faschistenschwein!«

Ein heftiger Schlag riss mich nach hinten. Schützend
hob ich meine Hände. Aber immer mehr Hiebe der
Gummiknüppel trafen mich. Dann wurde alles schwarz.

Rache

Von der Toilette kamen Schleifgeräusche rüber in den
Schlafsaal. Ein Mitgefangener hatte eine Eisenstange
von der Arbeitsstelle ins Gefängnis geschmuggelt. Fast
unmöglich. Paul war es gelungen. An den Wärtern vorbei. Jede Nacht schlich er nun in die Toilette und machte sich mit einer Eisenpfeile daran, der Stange eine
scharfe Spitze zu geben.

Wenn beim Kontrollgang der Wärter das erste Licht
anging, rannte Paul zurück zu seinem Bett. Warf sich
darauf. Tat so, als schliefe er. Wenige Sekunden später,
wenn die Klappen an den Gucklöchern geschlossen
waren, ging er wieder in die Toilette. Er schleifte, Stunde um Stunde. Am Morgen gönnte er sich zwei Stunden Schlaf. Dann arbeitete er in der Produktion, auf
dem Außenposten Mewa. Galvanik, Stanzerei. Körperlich schwere Arbeit. Oft unter unzumutbaren Bedingungen. Aber die Zellenspitzel waren großzügig bestochen, so dass auch sie schwiegen.

Wochenlang war Paul von Wärtern schikaniert worden.
Lag öfter im Kettenarrest. Wurde von mehreren Wär-
tern vergewaltigt. Nachts holten sie ihn manchmal.
Dann musste er den Wärtern einen blasen.

Seitdem Paul an diesem Eisen feilte, war sein Gesicht ausdruckslos. Hatte man ihn lange zornig gesehen, so war er nun entschlossen, seine Demütigung zu rächen. Mut zu haben, sich zu wehren. Das machte ihn schweigsam. Diszipliniert. Der Plan musste um jeden Preis ausgeführt werden.

Eines Tage war es dann so weit. Keiner der Zelleninsassen konnte schlafen. Nach Wochen war nun die absolute Stille in der Nacht. Paul wusste, wann sein Hauptpeiniger den Rundgang machte. Er hatte sich unter das Guckauge in der Tür geschlichen. Wartete dort mit seiner Eisenstange bewaffnet.

Als der Türspion von außen betätigt wurde, das grelle Licht die Zelle durchflutete, setzte Paul das Eisen ans Guckloch an. Rammte einen Hocker auf den hinteren Teil des Pflocks. Das gefeilte Eisen raste durch den Türspion.

Erst hörte man das Klirren des Gucklochglases. Dann einen kreischenden Schrei. Stille.

Paul hatte seine Waffen fallen lassen. Ging zu seinem Bett. Sank auf die Knie. Blieb zusammengesackt, reglos hocken. Die Stille wurde unheimlich. Dauerte an.

Plötzlich hörten wir kreischende Autobremsen auf dem Hof. Kommandos. Stiefel. Getrampel. Dann wurde die Zelle hastig aufgeschlossen. Die Polizisten schlugen auf alle ein, die aufgestanden waren oder sich neugierig im Bett aufgerichtet hatten. Sie zerrten Paul aus der Zelle.

Wir sahen ihn nicht wieder.

Offizier im besonderen Einsatz

In der Nähe meines Arbeitsplatzes, lötete ein einarmiger Gefangener Kabel auf Leiterplatten. Wir hatten nie ein Wort miteinander gesprochen. Nach einem Arbeitsplatzwechsel arbeitete ich dicht neben dem Einarmigen.

Als ich an einem Morgen zum zigsten Mal die Rotze hochzog, weil mir kalt war, raunzte der Einarmige: »Ziehst du nochmal die Rotze hoch, schlag ich dir eins in die Fresse!«

Ich gab mir wirklich Mühe. Aber ich konnte es nicht verhindern. Beim nächsten Hochziehen, kam seine Faust mitten in mein Gesicht geflogen. Um Haaresbreite konnte ich meinen Kopf wegziehen. Der Einarmige hatte so einen Schwung drauf, dass er zwischen die Kisten flog. Als er aufgestanden war, zischte er mir warnend zu: »Pass nur auf!« Ich war gewarnt. Die Spannung blieb vorerst.

In den nächsten Tagen achtete ich darauf, nicht zu schniefen. Nach und nach kamen wir ins Gespräch. Fanden uns sympathisch. Ich verpasste dem einarmigen Kollegen den Spitznamen Schlenki. Weil der leere Arm seiner Jacke baumelte, wenn er ihn nicht in die Tasche gesteckt hatte.

Schlenki erzählte mir seine Lebensgeschichte. Sie war eine Aneinanderreihung von unglücklichen Umständen. Er erzählte auch von seiner Frau.

Sie war traumatisiert. Durch Missbrauch. Eingeliefert in die Irrenanstalt. Später erst fand Schlenki heraus, dass sie von drei Offizieren der Staatssicherheit erpresst, mit Opiaten betäubt, in einem Haus am Waldrand bei Jena regelmäßig vergewaltigt worden war. Sie befand sich noch immer in einer geschlossenen Anstalt.

»Acht Monate noch«, sagte Schlenki, »dann bin ich wenigsten wieder zu Hause, kann sie besuchen.« Aber sie würde sich nicht wieder erholen von den Erlebnissen. Nie wieder die sein, die sie mal war, glaubte er.

Ein Neuzugang kam in unser Arbeitskommando. Ich merkte ihm buchstäblich an, dass er anders war. Ziemlich aufdringlich. Mischte sich in Gespräche ein. Wunderte sich nicht, dass Gespräche dann verebbten, wenn er sich dazu gesellte. Auch sah ich ihn eines Tages nach Feierabend wie er zum OKS, dem Offizier für Kontrolle/Sicherheit, gebracht wurde. Der Verbindungsmann zur Staatssicherheit. Es kam nicht häufig vor, dass jemand dorthin gebracht wurde.

Der Neue war erst einige Tage bei uns. Da nahm er mich beiseite. Kober hieß er. Stellte sich vor als Offizier der Staatssicherheit mit besonderem Auftrag. Eingeschleust in den Naumburger Knast. Zum Freikauf als politischer Gefangener bestimmt. Den Entlassungstag wusste er schon. Er habe den Auftrag, verdeckt im Westen zu operieren. Firmen zu gründen. Geschäfte zu machen für die DDR, erzählte er mir.

Die überhebliche Selbstgewissheit, mit der er mir begegnete, widerte mich an. Wie nebenbei schlug er mir vor, für den OKS zu arbeiten. Er würde den Kontakt herstellen. Die Stasi wäre sehr dankbar. Ich konnte

172

kaum glauben, was er mir da vorschlug. Sein Ansinnen, mich als Spitzel zu gewinnen, empörte mich. Doch ich ließ mir nichts anmerken. Ließ ihn meine Verachtung nicht spüren. Sicherlich hatte er gute Verbindungen zu den Wärtern, aber auch zu anderen für mich gefährlichen Personen im Gefängnis. Als er mich nochmals direkter darauf ansprach, lehnte ich sein Angebot ab.

Zuvor in einem Gespräch hatte sich Kober damit gebrüstet, gemeinsam mit Kollegen in einem Wald bei Jena ein williges Mädchen gehabt zu haben. »Mit der hatten wir immer unsere Freude«, grunzte er zufrieden. »Die war gefügig.«

Ich traute meinen Ohren nicht. War das die Frau von Schlenki? Kober konnte sie haargenau beschreiben. Was machte ich nur mit diesem Wissen? Sollte ich Schlenki sagen, dass einer der Peiniger seiner Frau jetzt hier einsaß, um in den Westen zu gehen? Was würde Schlenki tun? Ihn töten? Seine Freilassung in acht Monaten gefährden?

Zeit darüber nachzudenken, hatte ich nicht. Kober veranlasste, dass ich in den Kettenarrest kam. Vielleicht, weil ihn die von mir abgelehnte Zusammenarbeit brüskiert hatte. Wohl aber, um mich in den nächsten Tagen aus dem Verkehr zu ziehen. Um seine Macht zu demonstrieren. Um mich einzuschüchtern. Um seine Geschichte nicht weiterzuerzählen.

Auch wenn ich schon vom eigenen Urin durchnässt, der Gestank des Kots unerträglich war, konnte ich doch zwei Tage die Fassung bewahren. Versuchte, die Fixierung, die Demütigung, den Würdeverlust anzunehmen. Als dann die Kälte unerträglich wurde, Fieber ausbrach, begannen die Halluzinationen. Ich dämmerte vor mich hin. Bekam kaum mit, wenn jemand in der Zelle war.

Ein Wärter hatte die Tür aufgeschlossen. Setzte sich aufs Bett. Blies mir den Rauch seiner Zigarette ins Gesicht. Diesmal hatte ich Glück. Er verließ nach einiger Zeit wieder die Zelle. Ein anderer Wärter, Stunden später, drückte seine Kippe an mir aus. Dann wusste ich genau, dass da einer dagewesen war.

Ein Wärter hatte wohl mal einen ganz schlechten Tag, reagierte sich an mir ab. Nahm seinen Gummiknüppel, hieb auf meine Schienenbeine ein.

Reflexartig wollte ich mich schützen. Schnellte nach oben. Die Ketten hielten mich. Ich wusste nicht, wo der Schmerz größer war. Dort, wo der Knüppel traf oder dort, wo das Eisen an den Gelenken zerrte. Irgendwann ließ der Wärter von mir ab. Bevor er die Zellentür schloss, spuckte er zu mir rüber.

Nach acht Tagen wurden die Ketten gelöst. Ich kroch aus der Zelle. Richtig aufstehen konnte ich nicht. Die Wände flogen auf mich zu. Mein Gleichgewichtssinn war völlig abhanden gekommen. Auf allen Vieren musste ich durchs Gefängnis zu meiner Zelle krabbeln. Verschwitzt, verdreckt, bekotzt, verkotet.

Wärter, die auf den Gängen standen, spuckten mich an. Einer trat mir ins Gesicht. Brach meine Nase. Einmal eilte Erzieher Lunke wie zufällig auf mich zu. Hakte mir eine seiner Handschellen um mein Handgelenk. Dann stieg er auf einen Heizkörper. Riss mich mit hoch. Zog sich am Rohr nach oben. Klinkte die andere Seite der Handschelle an ein Heizungsrohr, das unter der Decke langlief. Irgendwann machte mich der Schmerz ohnmächtig.

Ein anderer Gefangener erzählte mir später, ich hätte eineinhalb Tage dort gehangen.

Mit letzter Kraft schaffte ich es danach zu meiner Zelle. Hievte mich aufs Bett. Meine Kumpels aus der Clique besorgten warmes Wasser in Eimern. Stellten mich im Waschraum zwischen zwei Klobecken. Auf den Klos stehend gossen sie das Wasser langsam über meinen Körper. Endlich konnte ich Erbrochenes, Urin, Kot abwaschen.

Als mein Kopf wieder klar war, musste ich an Kober denken. Er und seine Kameraden hatten die Frau von Schlenki erpresst, betäubt, vergewaltigt. Jede Sekunde dachte ich daran. Mein Wissen zu teilen. Bestraft wollte ich Kober wissen. Später erzählte ich Matze von der Geschichte. Wir schworen, Kober bei der Zentralen Beweismittel- und Dokumentationsstelle in Salzgitter anzuzeigen.

Am Pranger

Ein älterer Mitgefangener um die 50, ziemlich schlank, groß, erzählte Neuankömmlingen gern seine Geschichte. Wieso, weshalb er verhaftet wurde.

»Staatshetze«, raunte er dann seinen Zuhörern zu. Er habe die DDR-Fahne verbrannt. Sei ein Politischer. Dieses Bekenntnis konnte man oft vernehmen. Irgendwie lächelte man über den eifrigen Erzähler. Ein verwirrter Selbstdarsteller. Keiner zweifelte an seiner Geschichte, aber seine aufdringliche Art empfanden viele als unangenehm. Dennoch ließen ihn alle gewähren. Selbst die kriminellen Gefangenen.

Irgendwie musste dem Vollzugsleiter Major Dohle etwas über den Mann zu Ohren gekommen sein. Was ihn veranlasste, sich der Sache anzunehmen, wusste keiner.

Ein Mitgefangener berichtete, Dohle hatte fünf politische Gefangene, fünf kriminelle Gefangene in sein Büro kommen lassen. Dann holte er den älteren Mann dazu. Dohle drückte ihm eine Akte in die Hand. Befahl ihm vorzulesen. Doch der Mann weigerte sich. Die anderen wunderten sich, was das Spiel sollte.

Dohle grabschte ärgerlich nach der Akte. Drückte sie einem kriminellen Gefangenen in die Hand. Dieser las schließlich aus dem Dokument vor. Der ältere Mann war verurteilt wegen Misshandlung, Vergewaltigung Minderjähriger. Sieben Jahren Haft.

Dann hatte Major Dohle dem Mann mit Arrest gedroht, wenn er weiterhin erzähle, ein Politischer Gefangener zu sein.

Diese Sache sprach sich schnell herum. Ich war aufgebracht über die Tat, die Lüge. Wusste aber auch um die gnadenlose Jagd, die nun auf den Mann beginnen würde: Im Speisesaal spuckten ihn die kriminellen Gefangenen an. An seinem Bett wurde ein Schild angebracht: KIFI, Kinderficker.

Am nächsten Tag steigerte sich die feindselige Stimmung gegen den Mann noch weiter. Einige Gefangene fesselten ihn im Speisesaal an einen Pfeiler. Machten auch dort ein Schild fest. Vorbeigehende spuckten oder schlugen dem Mann ins Gesicht. Es war eine regelrechte Hysterie ausgebrochen.

Als ich in den Speisesaal kam, war der Mann halb tot geschlagen. Ich war entsetzt. Wollte diese Quälerei nicht zulassen. Aber was konnte ich tun? Was musste ich tun? Es war kein Wärter zu sehen.

Als sich unsere Truppe vom Tisch erhob, den Speisesaal verlassen wollte, drehte ich mich auf den Hacken um. Mein Nachbar ahnte wohl, was ich vorhatte. Versuchte mich noch am Arm zurückzuhalten. Aber ich schüttelte ihn ab. Jede Faser meines Körpers wusste, dass ich etwas Unerhörtes tun würde. Etwas, das nur als Provokation oder Tabubruch, angesehen werden konnte.

Als ich mich dem Pranger näherte, standen viele Gefangene auf. Jeden Moment bereit, dachte ich, sich auf mich zu stürzen. Ich löste die Fesseln des Geächteten. Schnappte ihn am Schlafittchen. Schubste ihn vor mir her. Immer ein Stück weiter. Wütende Blicke durchdrangen mich. Rissen an meinen Nerven. Noch war ich nicht aus dem Saal.

Klar, ich hatte einen gewissen Bonus, weil ich den Brigadier, einen der ekelhaftesten Peiniger, verprügelt hatte. Aber was galt das schon in diesem Moment gegenüber der aufgebrachten Meute?

Für einen Augenblick befürchtete ich, jemand wollte den Ausgang des Speisesaals versperren. Noch wenige Meter. Noch ein Stoß. Wir waren draußen im Gang. Das wilde Brodeln im Raum hinter mir machte mich fast panisch. Was sollte ich nun mit dem Mann tun? Bisher hatte ich keine Idee. Klar war mir nur, dass ich für den Rest meiner Haftzeit keine ruhige Minute mehr haben würde.

Schließlich schubste ich den Mann direkt zum Aufenthaltsraum der Wärter. Ohne Klopfen, ohne Gruß stieß ich ihn vor die Wärter auf den Boden. Sie blickten mich erstaunt an. Aber schon zeigte sich Schadenfreude in ihren Gesichtern. Sie wussten wohl, dass viele mich für mein Handeln hassen würden. Den Kinderschänder aus der Klemme befreit zu haben, würden mir auch einige als Schwäche auslegen. Andere würden mir künftig das Leben schwer machen. Mich herausfordern oder sich sogar rächen.

Eine Eskorte Wärter nahm den Kinderschänder in ihre Mitte. Er wurde in den Isolierblock verlegt.

Kung Fu

Wann es nur möglich war, traf ich Kai, meinen Jugend-
freund, in der Nähe seiner Zelle im dritten Stock. In
einer Nische auf dem Gang konnten wir uns ungestört
unterhalten. Wir standen dort vor einem zugemauerten
Fenster, an das wir unsere Sehnsüchte projizierten.
Nach Freiheit. Oder nach Allem was wir entbehrten.

Oft ließen wir die gemeinsame Zeit im Heimatkiez in
unserer Erinnerung aufblühen. Kai hatte mich einst
nicht gemocht. Wir waren in die gleiche Schule gegangen. Er war ein oder zwei Klassen unter meiner. Für
ihn gehörte ich zu den Älteren. Zu denen, die jüngere
Schüler drangsalierten. Aber was wusste er schon davon, wie es mir wirklich ging? Von den Quälereien
durch die älteren Jungs konnte Kai nicht wissen.

Meine Schulzeit war eine Tortur gewesen. Hatte mich
verschlossen, wortkarg werden lassen. Ich begegnete
den Menschen eher mit Zurückhaltung. Mit Stille. Viele
wussten daher nichts mit mir anzufangen. Nach der
Schule blieb ich im Kiez. Ging selten aus. Durch die
Lehre nach der achten Klasse, war ich für die meisten
aus dem Blickfeld verschwunden.

Nachdem ich schon zu Hause ausgezogen war, besuchte ich meine Mutter gelegentlich im alten Kiez. Nutzte
ihre Badewanne. An einem dieser Tage hatte ich Kai
auf der Straße getroffen. Er saß mit einigen Büchern
auf einer Bank. Das machte ihn sogleich zu einem Verbündeten. Einem Bruder im Geiste. Ich war in meiner
Literaturphase. Freute mich, jemanden zu treffen, der
Kafka, Hesse, Baldwin, Kerouac im Gepäck hatte.

Wir wurden Literaturfreunde. Aber diese Zeit währte nicht lange.

Nun saßen wir beide in diesem Gefängnis. In Naumburg. Nietzsche hatte in der Nähe gelebt. Mir vielen seine Gedichte ein. Ich sagte Kai auf, was mir einfiel.

Ecce homo

Ja! Ich weiß, woher ich stamme!
Ungesättigt gleich der Flamme
Glühe und verzehr' ich mich.
Licht wird alles, was ich fasse,
Kohle alles, was ich lasse:
Flamme bin ich sicherlich!

Wir erzählten stundenlang über die Literaten dieser Welt.

Wenn das erste Klingeln zum Einschluss durch das Gefängnis schallte, blieben noch fünf Minuten Zeit, bis sich alle Gefangenen zur abendlichen Zählung vor der eigenen Zelle einfinden mussten. Danach rückten alle ein. Die Zellentüren wurden verschlossen für die Nacht. Wer nicht rechtzeitig zurück war, konnte mit Bestrafungen durch die Wärter rechnen.

An einem Tag geriet ich mächtig in die Bredouille. Ich war mit Kai im Erzählen versunken. Abgetaucht mit Ingeborg Bachmann, Katherine Mansfield, Virginia Wolf, Sylvia Plath. Keiner von uns beiden merkte dabei, wie sich ein paar kriminelle Gefangene im Gang aufstellten.

Erst als ein besonders großer Kerl angeschlendert kam, spürten wir die Bedrohung. Schlagartig war mir die Zwickmühle klar, in der ich mich befand: Ich musste beim Klingeln noch an allen vorbei. Das Treppenhaus runter. Zu meiner Zelle im ersten Stock. Das wussten sie. Das wusste der große Kerl, der ganz ruhig ein Gespräch anfing.

»Hab gehört, du machst Kung Fu«, sagte er. »Du hast doch den Brigadier unten zusammengeschlagen. Kung Fu gibt's doch gar nicht in der DDR!« Herausfordernd zwinkerte er mir zu.

Ich ahnte, jede Antwort wäre eine falsche gewesen. Wenn ich jetzt behauptete, er verwechsle mich, hätte er mir bestimmt gleich eine reingeschlagen. Er wollte provozieren. Umständlich erzählte er nun, dass er schon lange Boxtraining mache. Dann fragte er schließlich: »Bist du schnell?«

Ich zuckte möglichst gleichgültig mit den Schultern: »Hm.« Gleichzeitig dachte ich immerzu an das Klingelzeichen, das gleich kommen müsste. Wie komme ich nur an den anderen vorbei?

»Wir machen mal ein Spiel«, sagte der große Kerl großspurig an. Ich ahnte nichts Gutes.

»Einer schlägt dem anderen ins Gesicht. Mit lockeren Schlägen, die man auspendeln kann. Wenn man nicht getroffen hat, ist der andere dran.« Er hatte den Satz kaum ausgesprochen, da klatschte schon seine Faust in mein Gesicht. Sofort waren mir die Regeln klar. Er war wieder an der Reihe. Aber jetzt war ich auf der Hut. Daneben.

181

Dann war ich dran. So ging es hin und her.

Mitten in diesem absurden Spiel, das jeden Moment in brutale Gewalt umschlagen konnte, ertönte plötzlich das erste Klingelzeichen. Der große Kerl hörte zwar auf, zu schlagen, aber seine Kumpels versperrten mir den Weg zum Treppenhaus. Fünf Minuten bis zum Einschluss.

Der große Kerl stellte sich zu den anderen. Eine Weile versuchte ich noch, harmlos zu wirken. Ging langsam auf die Meute zu. Fragte dabei, ob wir unser Spiel bei Gelegenheit wiederholen könnten. Ob ich mal vorbeikommen könnte, um etwas zu lernen. Dieser kleine Moment der Ablenkung war meine Chance.

Ich bahnte mir meinen Weg. Schlug zuerst dem großen Kerl mit dem Ellbogen ins Gesicht. Arbeitete mich dann den Gang durch. Es knirschte, knackte, brach. Wen ich nicht traf, der traf mich.

Blutverschmiert, humpelnd rannte ich wie ein Irrer die Treppen runter, die Gänge lang. Entgegenkommende, herumstehende Gefangene rannte ich einfach um. Schon erklang das zweite Klingelzeichen. Noch ein Treppenabsatz. Dann reihte ich mich in die Schlange der Gefangenen ein.

Zählung. Einschluss.

Diesmal hatte ich Glück gehabt.

Der Komiker

Nach dem Einschluss vertrieb man sich die Zeit bis zur Nachtruhe. In der Zelle waren 24 Menschen auf 30 Quadratmetern plus Waschraum eingesperrt. Die Betten dreistöckig. Solange das Licht noch brannte, spielten einige Karten, andere machten Klimmzüge oder Beugestütz, wuschen Kleidungsstücke, putzten Schuhe, lasen, aßen, wuschen sich die Haare in den Toilettenbecken.

Wie oft am Abend traf sich die Clique an meinem Bett. Manchmal stand man nur so rum. Ohne viele Worte.

Diesmal kam David dazu. Ein verpickelter Junge, der unbedingt nach Amerika wollte. Körperlich absolut durchtrainiert. Sichtbar hartes Training. Willenskraft. Entbehrungen. Viele Jahre. Das passte kaum zu seinem Alter. Man musste ständig auf seine Muskeln glotzen. Besonders wenn er sie spielen ließ. Manchmal sagte er dazu: »Ich will endlich zu Arnold nach Amerika.«

Im Herbst war David mit seinem Surfbrett auf der Ostsee von einem DDR-Marineboot aufgefischt. Sein Ziel war Schweden. Er hatte mit einem Kumpel stundenlang in den Dünen gewartet. Bis die Dunkelheit kam. Dann waren sie losgesurft. Da froren sie schon. Sein Freund war abgetrieben. David glitt weiter gen Schweden. Amerika im Kopf. Als er nicht mehr surfen konnte, benutzte er das Brett als Schwimmhilfe.

»Schweden war so nah«, sagte er öfter. »Ich konnte schon das Festland erkennen. Aber dann war da das Marineboot der Grenztruppen plötzlich aus der Dunkelheit gekommen. Wie von Geisterhand.« Er fühlte die Scheinwerfer auf seinen Rücken gerichtet. »Das war fast schlimmer als hätte man auf mich geschossen.«

Durch ein Mikrophon erhielt er Anweisungen. Es war vorbei. Die Flucht war gescheitert. Die Grenzer sahen den zitternden, mit Handschellen gefesselten Achtzehnjährigen weinen. Aber David weinte nicht, weil er geschnappt worden war. Er weinte über sein Unvermögen, nicht genug Kraft gehabt zu haben, in einem Ritt über die Ostsee zu surfen.

Wegen versuchter Republikflucht, Paragraph 213, war er zu zweieinhalb Jahren Gefängnis verurteilt worden. Fliehen wollte er wieder. Wenn er wieder frei sein würde.

Eine Weile stand David, ohne zu sprechen, an meinem Bett. Aus dem Nichts heraus fragte er plötzlich in die Runde: »Wie würde wohl ein Amerikaner die Tauglichkeit eines Trabbi prüfen?« Er schaute verschmitzt.

Ohne länger auf unsere Reaktionen zu warten, machte er das Geräusch einer knarrenden Trabbi-Tür nach. Mimte einen kräftigen beleibten Mann, der versucht mit lässiger Geste die Tür des kleinen Ostautos zuzuwerfen. Immer wieder, damit sich die störrische Pappe endlich schließt. Mal war er der Amerikaner. Mal das Auto. Schon wie er den Versuch des fülligen Mannes darstellte, sich auf die hintere Sitzbank zu quetschen, war derartig komisch, dass ich laut lachen musste.

Wir freuten uns in dieser düsteren Atmosphäre über seine Gags. David war so berauscht von seinen Einfällen, dass er nicht mehr aufhören konnte. Wir steigerten uns gegenseitig in die Komik hinein. Endlich lachten wir mal wieder.

Die Wärter hatten uns durch die Sehschlitze beobachtet. Sie konnten wohl nicht ertragen, dass wir für Momente lustig waren. Abrupt machten sie das Licht aus. Aber David machte einfach noch eine Weile weiter. Hörspiel war auch gut. Wir amüsierten uns bis zum Einschlafen.

Etwas später, nachdem ich bereits meditiert hatte, konnte ich nicht einschlafen. Zu viele Zellengenossen schnarchten oder knirschten geräuschvoll mit den Zähnen. So wachliegend fielen mir immer wieder Gags von David ein. Ich musste einige Male vor mich hin kichern. Hörte manchmal, dass es anderen aus der Clique genauso ging.

Gott sei Dank hatten wir zwei von diesen Komikern auf der Zelle. Wir schätzten sie sehr. Sie gaben ein wenig Leichtigkeit, derer wir in diesen Tagen sehr entbehrten.

Zahnarzt

Eine medizinische Versorgung existierte für mich als politischer Krimineller in Naumburg sozusagen gar nicht. Kopfschmerztabletten bekam ich nur über den heimlichen Tauschhandel. Ich bezahlte mit schwarzem Tee.

Als ich mitten in der Haftzeit heftige Zahnschmerzen hatte, konnte ich mich in ein Buch eintragen. Nach einigen Tagen Warten kam ein Wärter, brachte mich in die Krankenabteilung. Er schloss mich durch mehrere Gittertüren. Bis wir zu einem Behandlungszimmer kamen.

Der Zahnarzt erwartete mich bereits. Ohne einen Gruß kommandierte er mich auf den Stuhl: »Dorthin setzen.«

Er fingerte in meinem Mund herum. Nahm ein Instrument aus seinem Besteckkasten. Fummelte damit an meinem Zahn rum. Ein paar Helfer, die abseits gestanden hatten, kamen zu Hilfe. Hielten meine Arme fest. Instinktiv wollte ich flüchten. Sie hielten mich stärker fest.

Wie ich noch staunte, derart umklammert zu werden, stieß der Zahnarzt das Eisen mit einem Ruck durch meinen Zahn hindurch bis auf den Kieferknochen. Mir quollen die Tränen aus den Augen. Blut lief in meinen Rachen. Drohte, mich zu ersticken. Meine Schreie versanken in mir.

Seelenruhig sagte der Zahnarzt über mir: »Weißt du, was du bist? Ein Verräterschwein. Eine Drecksau, du verrätst unsere schöne Deutsche Demokratische Republik. Du gehörst zu den Leuten, mit denen man keine Nachsicht haben darf.«

Mir liefen die Tränen aus den Augen. Ich stierte ihn an. Unbeirrt erklärte er weiter: »Der Zahn muss raus. Du glaubst doch nicht etwa, dass wir noch Geld für dich ausgeben? Eine Narkose bezahlen wir nicht mehr.«

Langsam hebelte er den Zahn mit dem Instrument heraus. Ein lautes Krachen durchzuckte mich. »Der Zahn splittert«, hörte ich ihn sagen. Ich drohte, ohnmächtig zu werden. Er fummelte die Reste aus der Zahnlücke. Schabte den Kiefer frei. Eine schier endlose Prozedur.

Endlich konnte ich das Blut ausspucken. Der Zahnarzt klemmte ein Watteröllchen in die Wunde. »Verpiss dich!«

Als ich auf den wartenden Wärter zu ging, wurde mir schwarz vor Augen. Ich brach zusammen. Einen Moment muss ich ohnmächtig auf dem Fussboden gelegen haben. Ich rappelte mich jedoch wieder auf. Taumelnd wurde ich vom Wärter zurück in die Zelle gebracht.

Sprechen konnte ich tagelang nicht. Für Wochen befand sich ein Film aus Blut in meiner Zahnlücke. Möglichkeiten, die Wundheilung mit Vitaminen oder Medikamenten zu unterstützen, gab es nicht.

Gefüllte Orangen

Schon am Vortag hatte ich mich auf den bevorstehenden Sprecher gefreut. Besuchstag. Ein halbes Jahr nachdem mich die Stasi abgeholt hatte, sollte ich nun endlich Besuch bekommen. Eine Verbindung zur Außenwelt. Vielleicht mit Geschenken.

Der Tag begann ganz normal: Wecken, Frühstücken, Arbeiten gehen. Mittags noch immer kein Anzeichen für den angekündigten Sprecher. Hatte ich mich im Tag geirrt? Als die Arbeit zu Ende war, spürte ich eine große Traurigkeit in mir. Der Nachmittag verlief wie immer.

Abendbrot. Da wusste ich, dass mich heute keiner mehr besuchen würde. Was war geschehen?

Kurz vor dem Einschluss musste ich auf die Wärterbude. Wortlos reichte mir einer der Wärter zwei große Tüten. Mit Orangen. Zwei Stangen Marlboro Zigaretten. »Wat iss'n mit meenem Sprecher?«, fragte ich. »Haben wir abgesagt wegen schlechter Führung«, lautete die lakonische Antwort. »Vielleicht in zwei Monaten wieder.«

Ich war kurz vor einem Anfall. Schwankend, ob ich den Wärtern die zwei Tüten einfach ins Gesicht schlage, anfange zu heulen, zu schreien oder alles zusammen. Definitiv war das nicht mein Tag. Was waren das für miese Drecksäcke!

Ich hatte am Ende der Untersuchungshaft meine Mutter gesehen. Musste das Gespräch aber abbrechen. Eine Ewigkeit war ich ohne Kontakt zu meiner Liebsten. Hatte gehofft, sie endlich wiederzusehen in diesem Loch.

Langsam begriff ich. Sie hatten mir angedroht, mich zu zersetzen. Alles gehörte dazu. Ich ging ohne ein weiteres Wort.

In der Zelle schob ich die zwei Tüten Orangen, Zigaretten in meinem Schrank. Erstmal wollte ich diese Gaben nicht sehen. Etwas später besann ich mich. Schickte einen aus meiner Clique durchs Haus. Er sollte eine Stange Marlboro gegen anderes Brauchbares tauschen. Ich bekam eine Flasche Denim Rasierwasser, zwei Colgate Zahnpasten, zwei Deoroller für meine Tauschgeschäfte mit dem Zivilmeister. Der Abend des versagten Besuches verging. Trotz meiner Traurigkeit.

Obwohl ich mir gar nichts aus Orangen machte, probierte ich schließlich doch mal eine. Fast hätte ich mich am ersten Bissen verschluckt. Oh Schreck!

Wie eine Explosion entfaltete sich der Geschmack von Wodka auf meiner Zunge. Zerlief in meinem Mund. Meldete sich in meinen Blutbahnen. Beim zweiten Stück lächelte ich schon selig vor mich hin. Was für eine grandiose Entdeckung! Die mit Wodka gefüllten Orangen waren einfach so durchgekommen. An den Wärtern vorbei. Von ihnen durchgereicht.

Um kein Aufsehen zu erregen, machte ich den Kumpels aus meiner Clique ein Zeichen, zu meinem Bett zu kommen. Eine Orange für jeden genügte, um in dieser Nacht im Himmel zu schweben.

Brot für die Schweine der DDR

Eines Nachmittags im Sommer, als wir von der Arbeit gekommen waren, kam ein Wärter zu uns auf die Zelle. Unschlüssig schaute er sich um.

In den einfachen Dienstgraden waren meist primitive Menschen tätig. Schulabschluss sechste oder achte Klasse. Viele meldeten sich zum Polizeidienst. Landeten dann im Strafvollzug. Wurden Wärter. Schließer, wie wir sie nannten. Wenige von ihnen waren menschlich in Ordnung.

Obwohl gerade Untermeister wie dieser Wärter gefährlich waren, weil sie schnell drauf los schlugen, schenkte ihm niemand Aufmerksamkeit. Das reizte ihn offenbar.

Da ich ziemlich nah an der Zellentür stand, befahl er mir barsch: »Mitkommen!«

Was hatte er sich nun wohl ausgedacht, fragte ich mich. Ich lief ihm nach. Er schloss uns durch einige Türen. Rannte eine paar Gänge lang. Nach der letzten Tür standen wir auf einem Hof, den ich noch nie gesehen hatte. Dort standen riesige Müllcontainer, aus denen es qualmte. Mit einem Kopfnicken deutete der Schließer an, ich solle in einen hineinspringen. Da ich aber schon Ratten gesehen hatte, weigerte ich mich.

»Besser du gehst da rein, sonst ruf ich die Sicherheit!«, schrie er mich an. »Sammel die Brotreste der Gefangenen dort raus. Für die die Schweine in der LPG!«, kommandierte er weiter. Aber ich wollte noch immer nicht gehorchen.

Der Schließer rief mit seinem Funkgerät Verstärkung herbei. Am Ende des Hofs öffnete sich eine kleine Tür in der Mauer. Acht Wärter mit Gummiknüppeln rannten im Eilmarsch auf mich zu. Ich hatte mich immer mehr von den Containern entfernt. Ging an einer Wand hinter mir in die Hocke. Hob schützend die Arme über den Kopf. Die Wärter schlugen zu. Zerrten mich über den Hof. Sperrten mich in eine Arrestzelle im Keller. Klein. Kahl. Ohne Möbel. Ich musste stehen. Das Metallbett an der Wand wurde erst zur Nachtruhe herunter geschlossen. Ein Gitter trennte die Toilette ab. Für meine Notdurft war ich auf die Gnade der Wärter angewiesen. Nach zwölf Tagen durfte ich wieder zurück in meine Zelle.

Der Überfall

Für die persönliche Hygiene gab es verschiedene Duschanlagen im Naumburger Knast. Die einfachste Form der Ganzkörperreinigung nannte sich afrikanische Dusche. Die konnte jederzeit im Waschraum der Zelle durchgeführt werden. Allerdings waren dazu Freunde nötig: Man stellte sich nackt zwischen zwei Toilettenbecken. Zwei Mitgefangene standen auf den Becken. Sie kippten langsam warmes Wasser aus Eimern über den Duschenden.

Die schnelle Haardusche erledigte man in einem Toilettenbecken, das vorher gründlich geputzt wurde. Wenn der Kopf eingeseift war, steckte man ihn so tief wie möglich in das Becken. Dann betätigte man den Drücker. Zweimal war ausreichend.

Unumgänglich war einmal in der Woche die Massendusche. Sie befand sich in einem quadratischen, nicht sehr hohen gekachelten Kellerraum. Dorthin wurden die Gefangenen geschlossen geführt, zellenweise. Man konnte sich nicht entziehen. Aus mehreren Löchern, die sich in Bauchhöhe in den Wänden befanden, spritzte kaltes Wasser an die Körper der Gefangenen. Wenn man in der Herde überhaupt Wasser abbekam, versuchte man, sich zu reinigen.

In einem hohen Nebenraum der Kellerkatakomben befanden sich auch normale Duschen. Allerdings bedurfte es besonderer Anlässe, dort duschen zu können. Nach einem Aufenthalt im Kettenarrest durfte ich mir unter diesen Duschen mit heißem Wasser den Kot, Urin, Schweiß abwaschen. Ein Wärter hatte mich dorthin geführt. Ich war allein. Bis ich auf einmal merkte, wie die Tür zum Duschraum leise geöffnet wurde. Durch die Dampfschwaden erkannte ich drei nackte Männerkörper. Ich spürte sofort die Gefahr.

Aus dem Nichts heraus klatschte irgendwas in mein Gesicht. Sofort schwoll mein Auge an. Bewaffnet mit nassen Handtüchern machten drei Kriminelle im Nebel Jagd auf mich.

Nochmal klatschte ein Handtuch. Diesmal auf meinen Rücken. Ich spürte immer mehr Panik in mir aufsteigen. Wollten die mich verprügeln oder vergewaltigen? Ziellos hetzte ich durch den Raum, um nicht noch einmal getroffen zu werden.

Kurzentschlossen erklomm ich eine Heizung. Öffnete ein Fenster. Schrie den Namen meines Spanners Matze in den Hof. Immer wieder. Musste dann aber schnell wieder vom Fenster weg. War dort ein zu einfaches Ziel. Vorsicht war geboten auf den nassen Kacheln. Nur nicht ausgleiten. Lag man erstmal auf dem Boden, war man eine leichte Beute.

Ein erneutes Aufklatschen des nassen Handtuchs. Heftiger Schmerz auf meinem Bauch. Aber ich konnte das Handtuch fassen. Eine Waffe erobern. Schlug damit in den Nebel.

Plötzlich hörte ich wieder ein Schließgeräusch von der Duschraumtür. Matze!

Er hatte Wärter bestochen, ihn in den Keller zu führen. Schnurstracks ging er zu den Fenstern. Öffnete sie.

Der Nebel verzog sich. Jetzt hatten wir Ziele. Eine Weile kloppten wir uns mit den anderen. Als die am Boden lagen, ließen wir von ihnen ab. Dann riefen wir nach den Wärtern, um rausgeschlossen zu werden.

Mir saß der Schreck noch tagelang in den Knochen.

Letzte Nacht

Anfang Dezember 1984.

Als wir am Nachmittag von den Arbeitsbaracken zum Hafthaus liefen, lag auf dem Hof hoher Schnee. Insgeheim hoffte ich, zum Schneeschieben eingeteilt zu werden.

Ich mochte diese einsame Tätigkeit. Die Wärter konnten nicht recht glauben, dass ich auch gern die Flure reinigte. Freiwillig taten das wenige. Dennoch ließen sie mich, auch wenn andere Gefangene eingeteilt waren.

In der Stille der Bewegung konnte ich meditieren. Atmen. Im Nichts sein. Ich verreiste sozusagen.

Nach zwei Stunden Schneeschieben war der Hof wieder begehbar. Auf der Zelle hängte ich die Kleidung zum Trocknen in den Waschraum.

Einschluss.

Die Freunde hatten Tee gekocht. Bis das Licht erlosch saßen wir in einer Nische, erzählten Träume, die wir uns in der Freiheit erfüllen wollten.

Als ich mich nach dem Meditieren schlafen legte, beschlich mich ein seltsames Gefühl: Morgen würde Naumburg für mich zu Ende sein. Ein neuer Abschnitt beginnen. Überrumpelt von der Müdigkeit schlief ich ein.

Am Morgen war alles wie immer. Meine Gedanken vom Vorabend hatten in der Morgenhektik keinen Platz.

Wecken, Morgenzählung, Essensgang. Sammeln. Ausrücken zur Arbeit.

Doch vor dem Losgehen verlas der Wärter ein paar Namen. Auch meinen.

»Wieder zurück in die Zelle«, befahl er.

Mit vier anderen Kameraden stand ich in der Zelle. Alle quatschten aufgeregt durcheinander. Transport! Jetzt geht's los. Abschiebe!

Trotz meiner Ahnung, konnte ich dem Ganzen nicht trauen. Wollte ich auch nicht. Setzte mich auf mein Bett. Begann zu meditieren.

Nach einer halben Stunde holte uns der Wärter. Auf den Effekten bekamen wir unsere persönliche Kleidung. Auch die Wertgegenstände.

Mit Handschellen wurden wir nach draußen gebracht, zum Barkas geführt. Stille Freude kam auf, als ich den Himmel sah beim Überqueren des Hofes.

Waren nun alle Qualen zu Ende? Ich versuchte zu meditieren, da ich der Freude nicht traute. Dann fuhren wir los ins Ungewisse.

KALLE-MALLE

Entlassung

Die Ankunft im Gefängnis auf dem Kaßberg war beklemmend, dennoch voller Zeichen für die kommende Entlassung.

Meine Zivilkleidung, die ich nun tragen konnte, baumelte am Körper. Ich hatte zwanzig Kilo abgenommen. Irgendwie, dachte ich, ich könnte mich freuen. Aber es kam keine rechte Freude auf.

Ein Wärter übergab mir mein während der Haftzeit angespartes Geld. Ließ mich den Empfang quittieren. Das war wohl der Rest vom Arbeitslohn. Eine einbehaltene Summe, die nach Verrechnung aller Kosten, die ich dem Staat als Gefangener verursacht hatte, an mich zurück ging. Nun sollte ich in den letzten Tagen alles ausgeben. Das Ausführen von DDR-Mark war nicht gestattet.

Der Gefängniskiosk machte Umsatz. Er war nicht zu vergleichen mit dem in Naumburg. Hier gab es alle Zigarettensorten der DDR. Auch sonst, das Angebot wie im Delikat-Laden. Die Preise entsprechend hoch. Ich beließ es bei den preiswerten Zigaretten. Parfüm brauchte ich nicht.

Ein Wärter brachte mich am nächsten Tag zu einem Offizier.

»Hinsetzen. Lesen Sie mal.« Er schob mir ein vorgedrucktes Formular hin. »Wenn Sie einverstanden sind, steht Ihrer Entlassung in die BRD nichts mehr im Wege."

Was musste ich lesen! Die DDR wollte meinen Besitz konfiszieren. Meine Bücher. Hedwigs Jugendstilmöbel, die sie mir vermacht hatte. Die Nähmaschinen. Das Werkzeug.

Im zweiten Abschnitt wurde mir umständlich erklärt, dass ich ausgebürgert bin. Niemals wieder den Anspruch habe, in die DDR überzusiedeln.

Als Drittes wurde angemerkt, dass ich nie wieder meine Verwandten sehen möchte.

Ziemlich dumme Bedingungen, dachte ich.

Aber der Staat hatte seine eignen Regelungen getroffen. Einen Augenblick grinste ich den Offizier an.

»Noch biste nicht draußen«, antwortete der prompt.

Ich unterschrieb.

Mercedes-Benz

Zwei Tage später wurden zwanzig Gefangene in einen Mercedes-Bus gesetzt, der auf den Gefängnishof gefahren war.

Zuvor Leibesvisite. Entlassungsschein.

Der Sitzplatz im Bus wurde zugewiesen. Dann stieg die Stasi ein. Immer zwei Mann bewachten die drei Ausstiege.

Chemnitz an diesem vorweihnachtlichen Tag lag im Schneegestöber. Es war kaum möglich, aus dem Fenster etwas zu erkennen. Häusersilhouetten.

Einen Moment befürchtete ich, dass die Stasi einen Trick mit uns ausprobiert. Dass der Bus in ein paar Minuten wieder ins Gefängnis fahren könnte.

Letztendlich beruhigte ich mich mit dem Gedanken, dass die DDR das Geld aus dem Häftlingsverkauf dringend brauchte. Ich war die Handelsware.

Nach ungefähr einer Stunde blieb der Bus stehen. Die Türen öffneten sich. Die Stasi stieg aus. Beim Schließen der Türen fühlte ich Erleichterung. Gespannt schaute ich nach draußen. Schaute mich im Bus um. Nach den anderen Gefangenen. Wollte eine Regung in ihren Gesichtern sehen. Niemand sprach ein Wort.

Dunkelheit. Viel Schnee. Wald. Die Stasi-Männer verschwanden.

Ich lauschte dem kraftvollen Motorbrummen des Mercedes-Busses.

Kein Gekreische wie bei einem Barkas. Sicherheit vermittelte mir das Geräusch. Eine ganze Weile hatte ich so dem ruhigen Rollen des Busses gelauscht. Plötzlich blieb er stehen. Die Türen öffneten sich. Der Busfahrer meldete sich über die Lautsprecheranlage. »Liebe Mitbürger, jetzt sind wir in der Bundesrepublik Deutschland. Sie sind jetzt frei.«

Kalte Schauer liefen mir über den Rücken. Langsam stiegen diese neuen Bundesbürger aus. Manche warfen sich in den Schnee. Küssten den Boden. Blieben liegen. Zwei rannten schreiend in den nahe gelegenen Wald.

Tränen drängten mir in die Augen. Mit voller Kraft kniff ich mir in die Oberschenkel. Dachte, der Schmerz könnte die Tränen aufhalten. Schwindlig war mir. Ich konnte nicht glauben, was geschah. Sollte meine mörderische Reise ein Ende haben?

Langsam beruhigten sich alle. Der Busfahrer verteilte Schnaps. Es war einfach unfassbar, was hier passierte.

Der Bus fuhr weiter.

Einige weinten still vor sich hin. Einige saßen zusammengesunken in ihren Sitzen. Schwiegen. Andere hielten es nicht aus auf ihrem Platz, wollten reden. Ich hatte mich an die Heizung neben meinem Sitz gekauert. Beobachtete die vorübereilenden Autos, Häuser, Menschen.

Westen

Im Auffanglager Gießen angekommen, ging es sofort in eine ärztliche Untersuchung. Ich war ein klappriger Gaul. Siebenundvierzig Kilo schwer, eins achtzig hoch. Schockierend für einige.

Mir war das alles zu viel. Ich konnte das alles nicht verstehen. Trank den Punsch in mich rein. Rauchte Zigaretten. Beobachtete das Ganze. Essen wurde auch bereit gestellt, aber mein Magen wollte nicht.

»Wo wollen Sie denn hin?«, fragte eine Stimme.

»West-Berlin«, antwortete ich wie aus einer anderen Welt.

Wo sollte ein Ostberliner Junge sonst hin, dachte ich.

»Dann kommen Sie mal. 20 Uhr ist Abflug von Frankfurt.«

Ich musste ein paar Formulare unterschreiben. Dauernd schüttelte man mir die Hand. Beglückwünschte meine neue Freiheit.

Den Aufruf: »Bitte einsteigen nach West-Berlin«, hätte ich beinahe verpasst.

Im Bus war ich allein mit dem Busfahrer. Anscheinend wollte heute nur ich nach West-Berlin. Der Busfahrer wünschte mit Glück für mein weiteres Leben.

Die vielen Menschen im Flughafen waren mir ein Graus. Es dauerte lange, bis ich endlich auf meinen Platz im Flugzeug fallen konnte. Eine riesige Maschine. Kaum Passagiere. Die Pan Am flog mich aus dem Zugriff meiner Peiniger fort. Naja, nicht ganz. Erst musste ich nochmal über diese DDR fliegen.

Beim Anflug auf Tegel sah ich meine alte Heimat wieder. In Ost-Berlin war es dunkel. Die Bürgersteige hochgeklappt. So sagten wir früher. Ein real existierender sozialistischer Arbeiter hatte um diese Zeit im Bett zu sein, um am nächsten Morgen wieder die Norm erfüllen zu können. Straßenlaternen brauchte der um diese Zeit nicht mehr.

West-Berlin

Marienfelder Allee

Innerlich war ich freudig erregt, den Boden von West-Berlin zu betreten. Endlich.

Die Menschen im Flughafengebäude machten mir zu schaffen. Es waren einfach zu viele.

Vorsichtig kaufte ich ein paar Zigaretten. Die Verkäuferin hatte mich verstanden. Na klar, ich war ja nicht ins Ausland gereist. Sie 'ne Deutsche. Mein Ostberlinerisch war nicht aufgefallen.

Erst einmal setzte ich mich auf einen Mülleimer. Beobachtete die Menschen. Kam mir vor wie in einem großen Kino. Ständig klappten die Schilder auf der Anzeigetafel um.

New York.

Sofort fielen mir Whitman, Falkner, Baldwin ein.

Lange konnte ich meinen Gedanken nicht nachhängen. Auf dem neuen Schild, das umklappte, stand Paris. Ich pfiff Jim Morrisons *Come on baby, light my fire.* The Doors. *Le Fleurs du Mal.* Baudelaire. Zitatfetzen von Prévert fielen mir ein.

Rom – Michelangelo. Da Vinci.

Das Reisen strengte an. Ich war außer Atem. Auch wenn ich nur auf dem Mülleimer saß. Eine Zigarette nach der anderen rauchte.

Mir war der Polizist, der mich seit einiger Zeit beobachtete, nicht entgangen. Gute Knastschule. Ich spürte förmlich die Aufmerksamkeit an meiner Person. Hatte ich das lernen wollen? Ich musste. Um den Knast zu überleben.

Tokio.

Ich schloss meine Augen. Drückte den Rücken gerade. Meditierte. Als ich die Augen öffnete, stand der Polizist nahe bei mir: »Zeigen Sie mal Ihren Ausweis.«

»Ick hab keenen«, sagte ich.

Der Polizist legte die Hand auf sein Pistolenhalfter. »Ick hab nur nen Nachweis aus der DDR, dass ick dort rausjelassen wurde.«

»Zeigen Sie mal.«

Umständlich fummelte ich in meinen Sachen rum. Zeigte das Dokument. Der Polizist musterte erst den Entlassungsschein, dann mich.

»Wie soll es denn nun weiter gehen mit Ihnen«, fragte der Polizist.

Ich zuckte mit den Schultern: »Weeß och nicht.« Stierte vor mich hin, sagte dann: »Ick würd jern mit dem Taxi zu dieser Adresse fahren.« Zeigte dem Polizisten einen Zettel, den ich aus Gießen hatte.

Der Polizist lachte. »Zu teuer«, sagte er. »Geh mal da vorn zum Bus. Lass dir erklären wie du da hin kommst.« Plötzlich hatte er mich geduzt, als würden wir uns seit Jahren kennen. Er verschwand.

Wäre der Polizist nicht gewesen, hätte ich wohl noch viele Stunden auf meinem Posten verbracht.

In dem mit Menschen überfüllten Bus konnte ich den Stadtplan nicht finden. Also ging ich zum Busfahrer, fragte, wie ich nach Marienfelde komme. Zeigte ihm meinen Entlassungsschein.

Der Busfahrer nahm sein Mikrophon, machte eine Ansage: »Sehr geehrte Damen und Herren, wieder hat es jemand geschafft aus der Zone zu entkommen. Begrüßen wir heute...« – nannte er wirklich meinen Namen? – »soeben aus der DDR entlassen... als neuen West-Berliner aufs Herzlichste!«

Die Menschen grölten, klatschten Beifall, pfiffen.

Oh weh, war mir das peinlich. Ich begann mächtig zu schwitzen unter meiner neuen Winterjacke.

Dann schaltete der Busfahrer seinen Funk ein. Sprach mit Kollegen, erklärte die Situation, wandte sich mir zu: »Meen Kolleje bringt dir gleech noch een Stück.«

Mitten auf der Strecke hielt der Busfahrer an, öffnete die Tür. Ziemlich ungläubig muss ich ausgesehen haben. Mein Blick folgte seinem ausgestreckten Arm. »Jeh mal über de Straße. Der Bus wartet nur uff dich.«

Ich ging. Ich rannte.

Auch diesen Busfahrer konnte ich nicht davon abhalten, mich übers Mikro herzlich zu empfangen als neuen Mitbürger.

Bevor mich die Busfahrer durch Berlin schleusten, hatte ich mit 20 Pfennig, die mir der Polizist gegeben hatte, meine Schwester in Ost-Berlin angerufen. Ein ehemaliger Mitgefangener hatte ihr seine Adresse in West-Berlin hinterlassen, falls ich nach dem Freikauf einen Kontakt bräuchte. Konnte mich bei ihm melden, dort vorbeikommen.

Mir war gar nicht aufgefallen, dass die Adresse, die man mir in Gießen sagte, wohin ich mich dann in West-Berlin wenden könnte, ebenfalls in der Marienfelder Allee war.

Endlich stand ich vor dem Haus mit der Nummer 66. Seltsamerweise befand sich davor eine Pförtnerloge. Sie war besetzt. Auch stand ein Polizist Wache. Schleunigst ging ich an den beiden vorbei, grüßte nur kurz. Die Tür war verschlossen. Etwas ratlos schaute ich zum Pförtner.

»Wat willste denn hier?«, fragte der aus seinem Häuschen.

»Will jemanden besuchen«, erwiderte ich.

»Jetzt iss keene Besuchszeit.«

Ich war verwundert. Wollte wieder gehen, schauen ob ich woanders ins Haus kommen könnte. Sagte noch zum Pförtner: »Ick muss aber Rene J. sprechen.« Etwas kleinlaut fügte ich hinzu: »Ick kenn sonst keenen in West-Berlin.«

Der Pförtner kam aus seinem Häuschen heraus. Beide Aufpasser bauten sich vor mir auf. »Dein Bekannter ist sowieso die janze Nacht im Kino«, informierte mich der Pförtner.

Sollte ich wirklich so viel Pech haben? Der Polizist wiederholte schon zum dritten Mal, ich sollte mich verpissen. Als er wieder bedrohlich auf mich zukam, fragte ich beklommen, ob ich ihm wenigstens kurz etwas zeigen könne.

Ich zog meinen Entlassungsschein aus der Innentasche, hielt beiden den Zettel mit ausgestreckten Armen entgegen.

Plötzlich lachten sie.

»Hättste doch gleich sajen können«, sagte der Pförtner. »Na, dann komm mal rin!«

Der Polizist war auch mit in die Pförtnerloge gekommen. »Jetze musste erstmal erzählen«, sagte er. »So spät kommt sonst keener hier an.«

Der Pförtner machte mir einen Tee. Gab mir ein Vesperpaket. Goss Schnaps in den Tee.

Später brachte er mich übers Gelände in eins der vielen Häuser. Schnee wehte. Oh Mann, die Häuser in der Dunkelheit machten einen düsteren Eindruck. Erinnerten auch irgendwie an Knast.

Wir betraten eine kleine Wohnung. Warm war es. Im Raum ein Bett, ein Tisch, zwei Stühle, ein Schrank. Kochnische, Toilette war am kleinen Flur angeschlossen.

Der Pförtner verabschiedete sich mit den Worten: »Wennde wat brauchst, kommste vor, ick bin die janze Nacht da.«

Endlich allein.

Wie ich versuchte, die Augen zu schließen, drehte sich alles. Ich schlief nicht, aber wach war ich auch nicht.

Am nächsten Abend erwachte ich gerädert. Dachte stundenlang, auf einem Boot gewesen zu sein. Bei Sturmflut. Ich ging zum Pförtner. Hatte wieder Pech. Mein Bekannter war schon los, ins Kino.

Da ich Hunger hatte, ließ ich mir den Weg zum Supermarkt beschreiben. Endlos waren die Berge von Waren, Fleisch, Wurst so weit ich sehen konnte. Mein Magen knurrte. Dennoch konnte ich keine Wahl treffen. Am Brotstand ging es mir genauso. Ich musste da wieder raus.

Wie also Essen bekommen? An einem Currywurststand machte ich es den anderen nach. Wurst, Pommes mit Mayonnaise. Ein paar Bier hatte ich auch erstanden. So machte ich mich auf zu meiner Bude im Auffanglager.

Für einen Moment sättigte mich die Currywurst, aber wie ich in meinem Zimmer ankam, spürte ich Brechreiz. Rumoren im Bauch. Der gesamte Inhalt meines Magens kam hoch. Fieber dazu.

Da ich nicht laufen konnte, kroch ich auf allen Vieren zum Pförtner. Der staunte, hievte mich auf eine Bank. Rief den Notarzt.

Der Schmerz durchschnitt meinen Magen in Wellen. Als ich die Augen öffnete, stellte sich ein Arzt vor, zog mir den Pullover aus der Hose. »Machen Sie sich keine Gedanken. Sie haben eine Magenkolik. Das passiert vielen, die aus dem Osten hier ankommen.« Dann gab er mir eine Spritze, versprach schnelle Linderung. Ich nickte kurz ein.

Der Pförtner schien erstaunt, als ich ihn etwas später in meinem Zustand fragte – jaja, es ging mir schon wieder ganz gut –, wo denn hier eine Kneipe wäre? Wollte unter Leuten sein. Jedenfalls riet er mir besorgt von meinem Vorhaben ab. Aber ich wollte nicht auf meiner Bude hocken. Hoffte auch, etwas angetrunken die Leichtigkeit des Lebens wiederzugewinnen. Die Warnungen des Pförtners überhörte ich.

In den Kneipen rund um das Auffanglager saßen viele ehemalige Bürger der DDR. Irgendwie waren die hier hängen geblieben. Innerhalb kürzester Zeit war ich umgeben von neuen Freunden. Dem einen spendierte ich ein Bier, dem anderen einen Schnaps oder gab Zigaretten aus. Das Begrüßungsgeld, das mir der Pförtner in die Hand gedrückt hatte, schien ewig zu reichen.

Der Alkohol wirkte, aber Leichtigkeit stellte sich nicht ein.

Mich machte die Anwesenheit von so vielen Gestrandeten traurig. Noch drei Schnäpse mit einem Kollegen, wie er mich nannte, dann stürzte ich in die kalte Luft auf der Straße. Hu, was war das denn gewesen? Nein, so sollte es mir nicht ergehen. Aber wer konnte schon sagen, was die Zukunft bringen würde? Ich war zumindest gewarnt.

Am Morgen ging ich dann zu meinem Bekannten. Er war noch wach. Mit einer dicken Blubber lag er im Bett, freute sich ehrlich mich zu sehen.

»Wat machst'n du hier?«, fragte ich ihn.

»Es lebt sich gut im Lager«, sagte er. »Keine Miete zahlen, man kennt mich hier.«

Das war alles?, dachte ich. Der Traum vom Westen: Nachts im Kino, Blubber rauchen, im Auffanglager leben? Seit einem Jahr schon war er in Freiheit. Das machte mich betroffen. Traurig. Aber was wusste ich schon vom Leben im Westen?

Behördengänge standen an. Die Geheimdienste der Alliierten checkten, ob meine Geschichte der Wahrheit entsprach. Ob ich wirklich bei der Stasi, ob ich in Naumburg gewesen war. Dann wurde mein Urteil annulliert. Ich bekam einen Berliner Ausweis. Der ähnelte eher einer größeren Eintrittskarte für ein Rockkonzert. Den bundesdeutschen Pass erhielt ich eine Woche später. Die BVG schenkte mir einen Freifahrtschein für drei Monate.

Wenn ich keine Erledigungen zu machen hatte, fuhr ich Bus. Von Marienfelde bis Kreuzberg, nach Gatow, nach Spandau. Die Busfahrer warfen mich an den Endstationen raus, aber ich durfte, wenn sie auf Toilette waren, wieder einsteigen. Nach zwei Wochen wusste ich, in welchem Bezirk ich wohnen wollte. Kreuzberg.

Heckmannufer verkehrsberuhigt

Der Vermittlungsdienst des Auffanglagers bot mir eine Wohnung mitten in Kreuzberg an. Auch wenn mich der Grund, warum sie frei geworden war, schockierte, sagte ich zu, denn ich konnte sechs Monate umsonst wohnen, wenn ich selbst die Renovierung vornahm.

Ein aufdringlicher Hausmeister wollte mich beim Besichtigen der Wohnung fast adoptieren. Von ihm erfuhr ich die tragische Geschichte meines Vormieters. Ein junges Pärchen hatte den alten Schneidermeister überfallen, mit seinen eigenen Scheren erstochen. Als ich die Wohnung übernahm, war noch überall getrocknetes Blut. Die Teppiche, die Badewanne, das Bett. Die Rollos waren dreiviertel herunter gelassen. Alles konnte ich gar nicht erkennen.

Filmfetzen jagten mich. Der Geruch bohrte sich in meine Nase. Ich stand inmitten einer wirklichen Szenerie. Blaue Markierungen an den Türrahmen, Klinken, Wänden von der Polizei. Der Gedanke daran, was hier vorgefallen war, gruselte mich.

Aber was hatte ich schon zu verlieren? Schließlich hatte ich ja bereits eine Wohnung im Ostteil der Stadt ausgebaut.

Ich öffnete die Rollos, die Fenster. Schob den neugierigen Hausmeister aus der Wohnung, begann mit der Arbeit. Die blutgetränkten Teppiche rollte ich zusammen, sägte sie in Scheiben, heizte damit die Kachelöfen. Verbrannte alles, was brennbar war. Tisch, Regale, Zeitschriften.

Fast eine Woche war ich nur damit beschäftig. Nebenher weißte ich die Küche. So nahm das Renovieren seinen Lauf.

Dann endlich sollte ich Hedwig treffen. Am Bahnhof Friedrichstraße Ost holte ich sie ab. Ich hatte ein ungutes Gefühl, die DDR-Grenzbeamten zu sehen. Mit meinem bundesdeutschen Pass fühlte ich mich einige Minuten sicher.

Hedwigs Lächeln war so bezaubernd. Sie zeigte mir Leiser, wo sie jahrelang gearbeitet hatte. Im KaDeWe wollte sie mir einen Schal, eine Mütze kaufen. Aber das KaDeWe war zu viel für meine Nerven. Mitten auf der Rolltreppe rannte ich gegen die Laufrichtung wieder runter. Musste erst mal rauchen, um mich zu beruhigen.

Als Hedwig alles eingekauft hatte, fuhren wir in meine neue Wohnung. Sie war begeistert, legte gleich mal Hand an, arbeitete mit mir bis zum Abend.

Nach einigen Wochen war die Wohnung endlich komplett gemalert. Nur noch Erinnerungen blieben an die blutigen Bilder. Über die vielen Ausbauarbeiten hatte ich mich völlig vergessen.

Plötzlich hatte ich meinen Namen auch vergessen. Ein sehr befremdlicher Zustand setzte ein. Ich konnte mich an nichts mehr erinnern. Weder an meine Kindheit noch an die Stasi oder an das Gefängnis in Naumburg. Ich wusste auch nicht mehr, dass ich Essen wollte.

Inmitten der großen Stube setzte ich mich in die Hocke. Stunden konnten so vergehen. Instinktiv trank ich

Wasser. Fast krampfhaft versuchte ich, mich zu erinnern, an irgendetwas.

Keiner der gelesenen Dichter viel mir ein, keine Handlung aus früheren Zeiten. Ich war nicht mal schockiert darüber.

Als mich Hedwig eine Woche später fand, war ich schon ziemlich kraftlos. Öffnete mechanisch die Tür, setzte mich wieder in die Hocke. Ich war kaum ansprechbar. Wie aus einem Traum antwortete ich ihr.

Sie zögerte keinen Moment, mir zu helfen, denn sie erkannte meine Umnachtung. Tiefe Schocks aus der Vergangenheit hatten mich abdriften lassen.

In den nächsten Tagen kochte Hedwig für mich. Mit ihr konnte ich essen. Sie besorgte einen Kühlschrank. Packte Portionen für die nächsten Tage hinein, in der Hoffnung, ich würde essen. Jedoch aß ich wenig. Es reichte, um zu überleben.

Mein Geist war weg. Ich wusste nicht was zu tun war. Ein Arzt stopfte mich mit Schlaftabletten voll, als ich ihm erzählte, dass mir die Wirklichkeit so unwirklich erschien.

»Sehen Sie, Sie kommen aus einer reizarmen Welt in eine Welt der Überreizung«, erklärte er.

Das half mir nicht weiter. Die Tabletten stellten mich ruhig. Ich hatte keine Fragen mehr. Schlich in Zeitlupe durch die Gegend. Ohne mich an meinen Namen erinnern zu können.

Die Tabletten machten mir Kopfschmerzen. Sie wurden unerträglich. Ich schmiss alle Packungen in den Müll.

Hedwig kam nun öfter. Die Umnachtung dauerte an.

Meine Nachbarinnen zeigten allmählich Interesse. Zugereiste Studentinnen. Ihre Ladenwohnung lag direkt neben meiner Parterrewohnung. Morgens frühstückten sie oft ausgiebig mit Sekt.

Auf der Straße stehend, klopfte Maren eines Tages an mein Küchenfenster: »Na, Herr Nachbar, ein Schlückchen Sekt gefällig in Gesellschaft der Damen?«

Ich sagte lieber nein. Ich wusste gar nicht mehr wie das ging, in Gesellschaft.

Claudia lud mich zum Nachmittagstee ein. Drehte einen Joint, ließ mich öfter ziehen. Ich merkte nichts. »Die Wirkung setzt beim nächsten Mal ein«, sagte sie kichernd.

Maren ließ nicht locker. In den nächsten Tagen lud sie mich zu einer Party bei den Nachbarinnen ein. Eine riesengroße Haschischzigarette wechselte den Besitzer. Bei mir bewirkte das wieder nichts. Ein paar Wodka waren mir lieber. Ich tanzte sogar einige Runden. Bis ich mich verzog. Irgendwie war ich noch nicht bereit für Partys. Aber so richtig war ich auch früher nicht dafür gemacht.

Irgendwie hatte ich als Exot die Aufmerksamkeit der Nachbarinnen auf mich gezogen. Ossi eben.

Juliette

Eines Nachts klopfte es auf dem Fensterbrett. Die junge Frau von zwei Stockwerke höher zerteilte auf einem Spiegel weißes Pulver. Sie erschrak nicht, als ich das Holzrollo hochzog. Seelenruhig ging sie weiter ihrer Beschäftigung nach. Ein Typ, der um sie herum hüpfte, lächelte mich blöde an. Keine Ahnung was die da taten.

Ich fragte noch höflich, ob sie das nicht woanders machen könnten. Da ich keine Antwort bekam, pustete ich das Zeug einfach vom Fensterbrett. Nun ging das Geschimpfe los. Fast hysterisch gebärdete sich die Frau, schrie »Arschloch!«, »Spießer«, einiges mehr. In den nächsten Monaten würdigte sie mich keines Blickes.

Hedwig wurde mein regelmäßiger Gast, war vielen Hauseinwohnern bekannt. Brachte oft Ostbrötchen mit, die ihr gern abgekauft wurden. Oder Bienenstich. Im Gegenzug lud man sie zu einer Tasse Kaffee ein, bevor sie zu mir kam. Am Alltagsleben nahm ich allmählich immer mehr Teil, aber wirklich verstehen oder erinnern konnte ich mich noch immer nicht.

An einem warmen Nachmittag klopfte die damals so erboste Nachbarin von zwei Stockwerke höher bei mir. Sie lächelte. Obwohl ich sie gar nicht in die Wohnung lassen wollte, lief sie, zwei Weinflaschen schwenkend, an mir vorbei in die Küche. Eh ich mich versah, öffnete sie eine der Flaschen, schenkte zwei Gläser ein, erzählte etwas von der tollen Nachbarschaft, die nun beginnen würde. Aufmerksam lauschte ich ihr. Sie plapperte unentwegt. Da musste ich wohl gelächelt haben.

Die zweite Flasche vernebelte meine Sinne. Juliette ging die Rollos runterziehen. Ich dachte, was iss'n nun los? Sie kam zurück, küsste mich zärtlich, zog sich aus. Ich wollte noch protestieren. Aber während wir uns küssten, zog sie auch mich langsam aus. Irgendwie wollte ich ihre Hände festhalten, ihr erklären, dass ich noch nicht so weit war, aber als unsere Leiber verschmolzen, umspülte mich eine ruhige Wärme, die mich gelassen machte.

Der Morgen graute schon, aber wir konnten nicht voneinander lassen. Später saß ich dann bei einem Arzttermin im Sprechzimmer. Lächelte blöde vor mich hin, weil meine Lippen noch brannten. Keine besonderen Veränderungen, diktierte der Arzt seiner Assistentin. Auf dem Nachhauseweg musste ich ständig anhalten. Hörte den Vögeln zu, schaute mir Obststände an, lächelte spielenden Kindern zu.

Plötzlich konnte ich mich wieder an vieles erinnern. Auch an meinen Namen.

Partytime

Drei Flaschen Sekt für meine Nachbarinnen! Galant setzte ich mich zu ihnen. Das erste Mal nach einem halben Jahr in West-Berlin, begann ich zu plaudern. Auch von der alten Zeit. Von Dichtern, Denkern, Verdi, allem Möglichen.

Was war nur geschehen? Maren verabredete sich mit mir am Abend für das Ex'n'Pop. Am Tresen stand David Bowie. Er schaute etwas gefährlich zu mir. Das machte ich ihm glatt nach. Auge in Auge sozusagen. Nach einer Weile lächelt er, zwinkerte mir zu, verschwand in den umstehenden Massen.

In den nächsten Monaten tanzte ich wie um mein Leben. Ging in alle Clubs: Linientreu, Dschungel, Trash, Bronx, Basement. Das Cri du Chat in der Joachimstaler Straße war mein Lieblingsladen. Täglich geöffnet ab 22 Uhr. Tanzlokal.

Einmal tanzte ich im Dschungel nach einem meiner Musikhelden: Prince. Plötzlich stand er vor mir. Lachte. Tanzte mit. Lupfte an meiner Ledermütze. Zog mich an den Tresen. Sprach viel zu schnell. Schampus gab es auch. Bodyguards. Ein kleiner Kuss auf meine Wange. Prince war verschwunden.

Hedwig freute sich, dass wieder Leben in mich gekommen war. Nun war ich in West-Berlin angekommen.

TRANSIT MARIENBORN

Die letzte Tortur der Stasi

1987. Überraschenderweise bekam ich einen Anruf aus Peine. Eine alte Freundin meldete sich. Sturmfreie Bude. Heute Party.

Ach, wie freute ich mich auf die Abwechslung.

Freitagabend mutmaßte ich, würde der Transit nach Hannover durch die DDR fast leer sein.

Ein paar Sachen ins Auto geschmissen. Von den West-Berliner Grenzern am Übergang Dreilinden durchgewunken. Ein paar Meter Stacheldraht, Betonschleusen.

Der Genosse auf Ostseite jonglierte mit meinem Pass. »Gesichtskontrolle. Schauen Sie mal zur Seite. Gibt es was zu verzollen?«

Nein, gab es nicht. Ich durfte passieren.

Die Höchstgeschwindigkeit auf der Transitstrecke wollte ich strengstens einhalten. Keinen Ärger mit der DDR-Polizei.

Leichter Nebel. Wie dunkel war doch dieses Land um 20 Uhr. Hatte ich fast vergessen.

Kaum Gegenverkehr. Dann eine Raststätte. Obwohl ich inzwischen schon um die halbe Welt gereist war, hatte sich mein Trauma nie ganz verflüchtigt. Noch immer wurde ich nachts stündlich wach. Von Traumszenen geweckt. Abgeholt von der Staatssicherheit.

Bei einem Vorstellunggespräch wurde der Chef plötzlich zum Vernehmer. Menschenmassen waren mir ein Gräuel. Wortschwälle von Nachbarn auf dem Flur machten es mir manchmal unmöglich, die Wohnung zu verlassen.

Aber an diesem Abend wollte ich mich auf die Party freuen. Der Grenzübergang Marienborn schien nicht mehr weit weg.

Ich schob das neueste Band von Bowie ins Autoradio. Erinnerte mich an die kurze Begegnung im Ex'n'Pop.

Endlich sah ich die hell erleuchtete Straße an der Grenze. Die vielen Abfertigungsspuren waren menschenleer.

Langsam fuhr ich zum ersten Grenzposten.

»Machen Sie mal den Motor aus. Papiere.« Die übliche Prozedur. Kleinliche Kontrolle. Machtgehabe. Schikane.

»Was ist denn das für ein Auto?«, fragte der Posten.

»Die Audi-Ringe fehlen an der Karosse, aber inde Papiere steht es ja deutlich. Is een Audi 80«, sagte ich.

Dann stellte der Posten fest: »Das ist doch ein Funker-Auto.«

»Wie bitte?« Ich verstand nicht.

»Na, das ist doch ein Funker-Auto«, wiederholte der Posten.

»Nö, iss keen Funker-Auto«, widersprach ich ihm empört.

»Sie bleiben mal hier stehen«, befahl er mir. Entfernte sich. Ging zu einer größeren Baracke.

Nirgends Menschen zu sehen. Keine ankommenden Autos vom Westen. Auch im Transitbereich nach West-Berlin nicht.

Das Warten machte mich nervös. Ich zündete mir eine Zigarette an. Bestimmt warteten die Freunde in Peine auf mich.

Gemächlich kam der Posten zurückgelaufen.

»Sie fahren dann mal da vorn in die Garage«, wies er mich an, deutete auf die beleuchtete Einfahrt zwischen zwei Metalltüren.

In meinem Inneren rumorte es. Ich wollte das auf keinen Fall tun.

»Wat wollnse von mir? Ick fahre in keene Garage.«

Hilfesuchend schaute ich mich um. Keine Öffentlichkeit.

»Sputen Sie sich!«, donnerte jetzt der Posten.

Was können sie mir schon antun?, dachte ich. Also stieg ich in meinen Wagen, fuhr in die Garage.

Das Neonlicht blendete. Sofort erinnerte ich mich an die vielen schmerzvollen Stunden bei der Staatssicherheit, später im Strafvollzug.

Zwei Uniformierte kamen, Offiziere.

»Wir müssen Ihr Auto untersuchen.«

Weshalb denn das?, dachte ich so.

»Entweder wir finden Devisen bei Ihnen oder Drogen. Oder wir eröffnen gegen Sie ein neues Verfahren. Wegen illegaler Nachrichtenübermittlung. Mit einem Funker-Auto.«

Mir verschlug es die Sprache.

»Sie wissen doch, dass Sie noch Bewährung haben auf dem Hoheitsgebiet der DDR. Für Spionage liegt das Strafmaß bei etwa 10 Jahren«, sagte einer der Offiziere.

Zum ersten Posten hatte sich ein zweiter gesellt.

»Ihr seid so 'ne verdammten Nazis!«, fauchte ich. »Tausende Westmark habt ihr für mich bekommen!«

Aber da hatten mich die Posten schon ergriffen. Führten mich einen Gang hinter den Baracken entlang. Sperrten mich in eine Zelle.

Sofort war ich in Gedanken zurück in Hohenschönhausen. Naumburg.

Ich glaubte dem Ganzen nicht. War fassungslos.

War das ein dummer Scherz? Lassen sie mich in ein paar Stunden wieder gehen? Verzweiflung kam in mir auf.

Plötzlich ging das Neonlicht an. Brannte für einige Zeit. Dann wieder Dunkelheit. Die Tür öffnete sich. Essen wurde reingeschoben. Ich verlor das Zeitgefühl. Immerzu dachte ich, sie vergessen mich in diesem Loch.

Jede Sekunde wurde mir schmerzlich klar, dass sie immer noch mit mir machen konnten, was sie wollten.

Da sie mich nicht ständig beobachteten, machte ich Übungen. Auch im Dunkeln. Ich wollte mental stark sein, wenn sie mich jemals wieder an den Pranger stellten, wenn ein Vernehmer mich stundenlang verhören, ein Richter mich verurteilen würde.

Immer wieder fühlte ich Wut, Ohnmacht. Ich konnte nichts tun, um meine Lage zu verändern. Welch Infamie!

Ich hämmerte gegen die Tür bis jemand kam.

»Wir warten nur noch auf den Abtransport, das kann einige Zeit dauern«, sagte der Posten.

Nein, es war kein Scherz. Alles sollte sich wiederholen! Die Erinnerungen spukten durch meinen Kopf.

Major Dohle, Leutnant Lunke würden sich freuen, mich nochmal wiederzusehen.

Schon lange war ich frei. Lebte mein neues Leben im Westteil Berlins. Durchreiste andere Länder. Die Zwänge der DDR waren aus meinem Alltag verbannt. Dachte ich.

Als das Toilettenpapier alle war, versuchte ich zu errechnen, wie lange ich hier war.

Irgendwann hörte ich den Schlüssel im Schloss. Zuckte zusammen bei diesem Geräusch. Ein Posten erschien in der Tür, steckte mir meinen Pass zu.

»Verlassen Sie das Hoheitsgebiet der DDR Richtung Hannover.«

Ich würgte meine Tränen runter. Beinahe hätte ich dem Posten eine reingehauen.

Er führte mich zu meinem Wagen. Rausgerissene Sitzbänke hinten. Fahrersitz, Beifahrersitz zerstochen. Das Radio demoliert.

Zitternd fuhr ich aus der Garage. Die Posten bildeten ein Spalier.

Noch einige Meter. Die Grenze war passiert.

Jäh wendete ich den Wagen auf dem Mittelstreifen. Ich wollte nicht mehr nach Peine. Hannover war nicht mehr meine Richtung. Verdutzt schaute der Posten. Musterte mich. Wortlos reichte ich meinen Pass aus dem Fenster. Meine Aufregung versuchte ich zu überspielen. Verachtung hatte sich in mir breit gemacht. Der Grenzposten ließ mich gewähren.

An der nächsten Raststätte fummelte ich eine Zeitung aus dem Ständer.

Gefühlte vier Wochen waren vergangen.

Jeder Stoß der Fahrbahnplatten krachte in meinem Körper. Ich fühlte mich dreckig. Hungrig. Sehnte mich nach Hause.

Wortlos übergab ich dem DDR-Grenzer am Übergang nach West-Berlin meinen Pass. Konnte unbehelligt passieren.

Die westdeutschen Grenzer wollten mich durchwinken.

Heftig stieß ich meinen Fuß auf die Bremse. Der Wagen schlitterte ein Stück. Ich sprang aus dem Wagen. Stammelte wütende Worte: »Menschen verschwinden. DDR-Faschismus. Keene Kameras installiert. Niemand weeß, wer da rin oder raus fährt, vielleicht nie wieder rauskommt. Vier Wochen war ick im Loch bei denen.«

Die Grenzer wollten mich beruhigen. Ich sprang wieder in mein Auto, raste über die Avus.

Ungläubig schaute meine Liebste. War froh, dass ich zurück war, lebte. Ich erzählte. Sie verstand mich. Kannte ja selbst Hoheneck. Mein Arbeitgeber hatte sich schon Ersatz gesucht.

Niemals wieder fuhr ich Transit durch die DDR.

INHALT

FALKENSEE	**7**
Landglück	7
Hedwig	10
Erinnerungen	12
Fürsorge	13
Der verkehrte Zug	15
Scheunenfenster	18
Die Nachbarstochter	20
BAUMSCHULENWEG	**22**
Deutschunterricht	22
Ordnungsdienst	25
Vaters Regeln	28
Leibesübungen	30
Geburtstag	34
Stilfragen	37
BETRIEBSBAHNHOF SCHÖNEWEIDE	**39**
Berufsleben	39
Lehrmeister	41
Entscheidungen	45
Karin	48
Konflikte	52
Wiedergutmachung	56
HACKENBERGSTRAßE	**59**
Nestbau	59
Frühling mit Frischmörtel	63
Wege zu Buddha	67
Der ruhige Samstag	70

BERLIN - BUDAPEST - BUKAREST - BERLIN	**73**
Plan A	73
Plan B	81
Grenzübergang Bornholmer Straße	86
Die Festnahme	92
HOHENSCHÖNHAUSEN	**97**
Eingesperrt	97
Der Vernehmer	102
Glaubensfragen	105
Hedwig oder die Schuldfrage	106
Mitwisser	110
Fallstricke	113
Rasur	114
Ohne-Macht	116
Wandmalerei	119
Das Urteil	121
RUMMELSBURG	**128**
NAUMBURG	**132**
Einlieferung	132
Nichtarbeiterzelle	133
Knasthierarchie	135
Der Brigadier	137
Der Pirat	141
Major Dohle	145
Die Sonne Vietnams	150
Versorgungskette	153
Der Pirat geht	157
Matze	159
Der Zivilmeister	162
Vergänglicher Reichtum	164

Erzieher Lunke	166
Rache	169
Offizier im besonderen Einsatz	171
Am Pranger	175
Kung Fu	179
Der Komiker	183
Zahnarzt	185
Gefüllte Orangen	187
Brot für die Schweine der DDR	189
Der Überfall	191
Letzte Nacht	193
KALLE-MALLE	**195**
Entlassung	195
Mercedes-Benz	196
Westen	198
WEST-BERLIN	**200**
Marienfelder Allee	200
Heckmannufer verkehrsberuhigt	208
Juliette	212
Partytime	213
TRANSIT MARIENBORN	**215**
Die letzte Tortur der Stasi	215